KPI式
Key Performance Indicator
PDCA
数値化で事業成長する仕組み

株式会社Scale Cloud
公認会計士・税理士
広瀬好伸 ■ 著

実生社

はじめに

　人口減少社会の到来、デジタルテクノロジーの進展、消費者ニーズの多様化など、昨今のビジネスを取り巻く環境の変化は激しくなっています。多くの企業にとって先行きが不透明で、未来の予測が困難な状況ですが、めまぐるしく変化する環境に迅速かつ柔軟に対応していく必要があります。

　そこで有用なスキルが PDCA です。
　PDCA とは、業務の品質や効率を高めるために、業務を Plan（計画）、Do（実行）、Check（評価）、Action（改善）の 4 つのプロセスに分けて実行管理する業務管理手法です。古典的でありながらも、ビジネスにおける目標を達成するための手法として、多くの人が活用する普遍的なフレームワークとなっています。

　ビジネスパーソンであれば誰もが PDCA を知っていると思いますが、その知名度のわりに「実はよくわからない」「実践できていない」場合が多いようです。仕事がうまくいかない時、その原因を突き詰めれば「PDCA がしっかりとまわっていない」ためであることも多いのではないでしょうか。

　PDCA は「もう古い」「時代遅れ」というイメージを持たれることもあります。「Plan（計画）を立てるのに時間がかかり、Do（実行）する時には状況が変わってしまっている」「Check（評価）や Action（改善）に

も手間がかかる」という理由で、PDCAをまわすのに時間がかかりスピード感に欠けると捉えられているようです。また、PDCAは、すでにDo（実行）した結果（前例）に対してCheck（評価）をしてAction（改善）案を考えるというものであることから、前例主義になって新しい着眼点を持ちにくく、「革新的なアイデアが生まれにくい」と捉えられている場合もあります。

　しかし、PDCAの「まわし方」次第でそれらの懸念は解消され、業務を継続的に改善して進化させていくことができます。

　その「まわし方」のポイントの1つが「**数値**」の活用です。

　「数値」と聞いてネガティブなイメージを持つ人もいるでしょう。しかし、仕事をする限りずっと数値はついてまわるので、「苦手」と言って避けて通れるものでもありません。

　日々の業務の中で、意思決定や行動が主観的、感情的になる場面もあるでしょう。人は、主観や感情に左右される存在です。その主観や感情を大切にすることも必要ですが、感情を脇に置いて冷静に判断、行動することも大切です。数値は、そこに客観的視点を与えてくれる「**物差し**」（ツール）になります。

　本書で紹介する「**KPI式PDCA**」とは、PDCAのフレームワークに、KPIやKGIという指標（**4頁参照**）を用いて数値化するプロセスを組

み込んだものです。

　PDCA における Plan、Do、Check、Action の各段階を数値化することで、感覚的な PDCA から科学的でロジカルな PDCA にアップデートすることができます。

　　Plan（計画）…目標（KGI）を数値化し、それを達成するための計画を KPI 数値で立てることで、目標達成に向けてのロードマップが明確になります。

　　Do（実行）…計画を実行に移す段階でも KPI 数値で進捗管理を行うことで、ロードマップにおける現在の状況やボトルネックを早く正しく把握しながら実行できます。

　　Check（評価）…実行した結果を数値化して計画との差を KPI 数値で明確にすることで、計画を達成できた要因や未達成になった要因の分析を客観的かつ的確に行えます。

　　Action（改善）…分析した結果を踏まえて今後どのような対策や改善を行っていくかを KPI 数値での予測をしながら検討することで、意思決定が合理的になり、改善計画も数値で立てやすくなります。

　本書では、数値を使って組織的に PDCA を高速かつ着実にまわす仕組みを書いています。事業目標（たとえば売上増）を達成するための仕組み、

さらに、その目標達成を一時的なもので終わらせるのではなく、継続的に達成し続けることができる仕組みづくりを、具体的に実践することにこだわって解説しています。

　成長する人は数値を使った PDCA を徹底的に実践していますし、成長している企業や組織においては仕組みとして、また企業文化として数値を使った PDCA が根付いています。

　私はこの約 15 年間で多くの企業とお付き合いさせていただきましたが、成長する企業や組織には、「数値の大切さを知っている」という共通点があります。単に知っているだけではなく、数値を使って事業の状況を客観的に見て、考え、意思決定して行動することが習慣化、すなわち「仕組み化」されています。

　個人、チーム、組織、企業——それぞれの成長スピードを上げ、それぞれの「成功」を支える力になること、そして、日本企業の競争力を高めることで日本経済の発展に貢献すること。
　1 人でも多くのビジネスパーソン、1 つでも多くのチームや組織、1 社でも多くの日本企業が、その成長スピードを加速させること。本書がそのお役に立てば嬉しいです。

広瀬好伸

もくじ

第 **3** 章

KPI を運用する 73

第 **1** 章

数値化で事業成長を加速させる

　ビジネスにおいて、チームワークの重要性はいうまでもないでしょう。「一人では到達できない目標」にチームで向かおうとすれば、「チームの全員にとってわかりやすい目標」を設定することが大切になります。

　本章では、チームで共通認識を持ち、協力しあって事業成長を加速させるための方法である「KPI式PDCA」について紹介します。

1 KPI式PDCAとは何か

　企業における日々の活動で、目標と結果について振り返るとき、以下のような点で困ったことはないでしょうか。

経営者の場合

- 「売上を前年比130%に伸ばす」という目標を掲げているが、社員が納得しておらず、具体的な行動計画も立てられていない。
- 今月も目標を達成できなかったものの、原因が何なのかわからない。または、原因解明に時間がかかる。

社員の場合

- 売上目標達成のために、広告、セミナー、テレアポのどれに最も力を入れたらいいのか感覚的にしかわからない。
- 「テレアポ週100社」などの行動目標を立てているが、売上目標を達成するために100社で足りるのかわからない。

　日々の活動が企業の業績にどのようにつながっているかわからない場合、または業績結果を見てもそれを改善するために何をすればいいかわからない場合、こういった課題が生じやすくなります。

　そのようなときに役に立つのが、**PDCAの考え方**です。PDCAとは、

Plan（計画）、Do（実行）、Check（評価）、Action（改善）の頭文字を取ったものです。計画を立てて（Plan）、実行し（Do）、その結果の振り返りを行って（Check）、次の改善行動につなげる（Action）、と繰り返すことを、「PDCA サイクル」と呼びます（**図 1**）。

これまで過去の習慣、経験や勘に頼って目標を達成しようとしていたことを、PDCA サイクルをまわし続けることで、科学的かつ継続的に業務を改善していくことが可能になります。

たとえば、次の 2 つの計画を立てたとします。どちらの方が、関係者にとってわかりやすい計画でしょうか。

　A　もっと売上を増やそう
　B　今の売上が 80 なので 100 にするために 20 増やそう

A であれば、どれくらい売上を増やせばいいのかが具体的ではなくよくわかりません。B であれば、数値が明確なのでどれくらい売上を増やせばいいのかが誰でもわかります。A は定性的な計画、B は定量的な

図 1　PDCA サイクルをまわし続ける

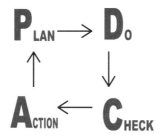

計画です。Plan（計画）を立てるときだけでなく、Do（実行）、Check（評価）、Action（改善）の各段階においても、数値を使って実行を管理し、結果を評価して、次の改善策を決定するというように、定量的にPDCAをまわすことが大切です。

そこで登場するのがKGIやKPIといった定量的な指標です。まず、**KGI**（Key Goal Indicator：重要目標達成指標）とは、最終的に達成したい目標（ゴール）を定量的に評価するための指標です。一方、最終目標に至るまでのプロセスが適切に実行されているかどうか、その途中経過の達成状況を定量的にチェックするための指標が**KPI**（Key Performance Indicator：重要業績評価指標）です。

図2に、KGIとKPIの関係について示しました。KGIという最終目標（ゴール）までの道のりの途中にある中間地点（チェックポイント）にあたるものが、KPIになります。たとえば「売上」をKGIとして設定する場合、その売上を達成するためのプロセスにある「商談数」や「テレアポ数」をKPIとして設定することになるでしょう。

ゴールとしてのKGIを決め、そのゴールから逆算して中間目標であるKPIを設定してロードマップを描き、そのKPIを活用してPDCAを

図2　KGIとKPIの関係

最終目標（＝KGI）までの道のりの途中にある中間地点がKPIである

まわしていくことで KGI を達成していく手法を、本書では **KPI 式 PDCA** と呼びます。

2 最短最速でゴールにたどり着くロードマップ

KPI 式 PDCA は、「車でのドライブ」に例えるとわかりやすいです。ビジネスをドライブに当てはめると、ゴールに時間どおりにたどり着く（KGI を達成する）ためには、次のように PDCA をまわすことがポイントになります。

ドライブの目的地が KGI にあたり、ここでは富士山とします。あなたは自宅から、車に乗って初めて富士山に行こうとしています。

P（Plan）…カーナビで富士山を目的地として設定すること。つまり、目標を達成するための計画を立てること。

道のりがわからない場合、アクセルを踏む前にカーナビで目的地を設定するでしょう。これが、Plan になります。カーナビは、道のりの途中である A 地点、B 地点、C 地点を順番に道案内してくれます。これらの各地点が、KPI にあたります。これらの各地点を予定通り通過できているか確認し、ゴールまで正しく導くことが、KPI の果たす役割です（図3）。

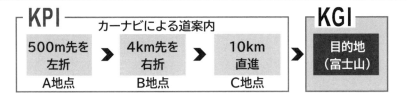

図3　KGIの達成を車でのドライブに例える

KPI　カーナビによる道案内　　　　　　　　　KGI

500m先を左折　→　4km先を右折　→　10km直進　→　目的地（富士山）

A地点　　　B地点　　　C地点

D（Do）…カーナビの表示を使い分けながら運転すること。つまり、大まかなPlanで大きな方向性をつかみながら、詳細なPlanで日々の業務を行うこと。

　カーナビが示す目的地までの道順に沿って運転していくことが、**Do**の段階です。そのとき、カーナビの道順の表示が「広域」モード、つまり縮尺の小さい粗い表示だと、向かうべき方角はわかっても、100m先の角を曲がることがわからずに通り過ぎてしまうかもしれません。これはKPIの設計が粗い場合です。しかし、カーナビの道順の表示が「詳細」モード、つまり縮尺の大きい細かい表示であれば、それを防げます。これがKPIの設計が細かい場合で、その設計方法は本書で詳しく説明します。

　C（Check）…カーナビや計器をこまめにチェックすること。つまり、計画通りに進んでいるのか、進んでいないとすればその原因は何なのかをできるだけリアルタイムに把握すること。

　目的地までの道順に対しての現在地を常にカーナビで確認しながら、一方でスピードメーターやガソリンメーターなどの各種計器も確認しな

がら運転をすることでしょう。これが **Check** の段階です。

　A（Action）…リアルタイムに道順を最適化すること。つまり、状況に応じて計画を変更、軌道修正して、改善していくこと。

　また、道を間違ったとしてもカーナビが道順をリアルタイムで変更し、より早く到着する道順が見つかれば再提案してくれますが、これは KPI を使って、Do すべきことの軌道修正に役立てている状態です。これが **Action** にあたります。

　遠い目的地に行こうとすれば、同乗者と協力し合いながら目指すことになるかもしれません。そのとき、同じカーナビや景色を見ているからこそ、目的地に対する現在の状況やこれからの道順について、運転者と同乗者との共通認識が持てて協力しやすくなります。KPI 式 PDCA を活用すると、目標やそれに対する現在の状況を共有しやすくなることが最大の利点です。そうでない場合は、カーナビがなくて運転者が感覚的に運転しているのと同じようなものです。同乗者、つまり社員は状況をよく理解できずに「ただ乗っている」＝目標や目的もわからずただ仕事をしているだけになりかねません。

　ゴールである富士山に、時間どおりにたどり着かなかった場合、PDCA に分解すると次のような原因が挙げられるでしょう。

　（P）カーナビで目的地までの道順を確認せず感覚的に運転していた。

（D）カーナビの道順が大雑把で、細かい道順がわからなかった。

（C）カーナビを見る頻度が少なくて道を間違うことが多かった。

（C）計器をしっかり見ておらず、ガソリン補給のために遠回りしなければならなかった。

（A）最適な道順の再提案に気づかずに状況に応じた道順の変更ができなかった。

　組織やチームとしてのゴールを目指す場合は、同乗者と役割分担しながら協力すること、つまり、全員で共通認識をもちながら計画を立て（P）、役割分担して実行（D）し、現在の状況を確認（C）して、状況に応じて今後のアクションプランを軌道修正して役割分担しながら改善（A）していくこともポイントになります。

　このように、**KPI 式 PDCA** とは、最終目標である KGI に到達するために、中間目標（地点）である KPI の状況を把握し、より速く、より的確に、組織やチームが一丸となって PDCA をまわしていく手法です。

3　PDCA に KPI を活用するプロセス

　KGI に設定されることが多いものに、売上や利益があります。本書では主に、「売上」の達成を KGI として設定する場合を中心に考えます。「売上 500 を目指そう」というだけでは、「それを達成するために、何をどれだけやったらいいのか」というロードマップがありません。途中経

過がわからないので、順調に進んでいるのかどうかわからず、売上の結果が出るまで状況を把握できません。結果が出てからでは「時すでに遅し」です。よい結果が出たのであれば「結果オーライ」ですが、そうでない場合は原因もわかりません。わからなければ、改善策も的外れになるかもしれず、これでは目標の達成もままならないでしょう。

以下で、PDCA に KPI を用いる実際のプロセスを見てみましょう。下図のような、テレアポをして商談をつくり、契約につながれば売上になるというロードマップで考えます。

① 目標達成に向けた中間地点を設ける (P)

まず、「Plan」を立てます。ロードマップ上にある中間地点を設けることが Plan を立てることです（図4）。

1 年後の売上の目標が 6,000 だとします。そのためには、6 か月後に 3,000、1 か月後に 500 の売上を達成している必要があり、それを達成するためには 5 社との契約が必要だとします。5 社との契約のためには商

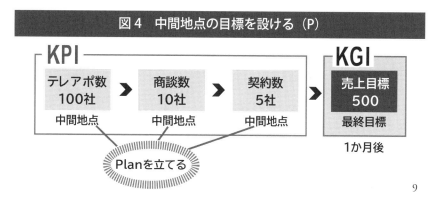

図4　中間地点の目標を設ける（P）

談を 10 社こなす必要があり、10 社との商談成立のためにはテレアポを 100 社する必要があると仮定します。これらの「テレアポ数」「商談数」「契約数」が KPI にあたります。KPI は、KGI というゴールに向けてのロードマップ上にある「**中間地点**」です。

② 実行する（D）

立てた Plan にもとづいて、実行していきます。「毎月 100 社のテレアポをする」、そのためには「1 日あたり 5 社のテレアポをする」というように、毎週または毎日の目標に分解して「Do」を行います。

③ いまの状況と改善すべき点を把握する（C）

実行した結果、1 か月後の売上実績が 400 で、目標 500 に対して未達成 100 だったとします。これは「大雑把な」振り返りですが、これだとそうなってしまった理由や経緯がわかりません。そこで、KGI までのプロセスを KPI で分解した「細かい」振り返りをしたところ、**図 5** の結果であったとします。すると、契約数や商談数が**図 4** で設定した目標に至らなかったのは、もとをたどれば、テレアポ数が目標 100 社に対して実績 80 社（**図 5**）になったことが主な原因だとわかります。

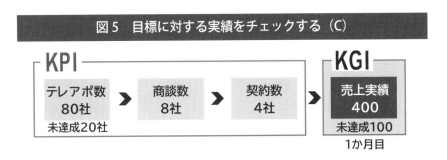

図 5　目標に対する実績をチェックする（C）

　このように的確な Check ができるので、「テレアポ数を増やすにはどうしたらいいか」といった具体的な改善策を立てることができます。

④　未来を予測しながら目標達成に向けて軌道修正をする (A)

　Action の段階では、1 か月目の売上未達成 100 を取り戻すために、2 か月目以降の計画を軌道修正します。たとえば、2 か月目の当初の Plan は図 4 と同じだったけれども、テレアポの改善策を考えた上で計画を修正する場合を考えます。図 6 では、1 か月目の売上未達成 100 を、2 か月目でリカバリーするために、2 か月目の KGI 目標を 600 にしています。それを達成するために、契約数、商談数、テレアポ数といった KPI の目標値も設定し直しています。

　図 5 の例は、Check の頻度が月に 1 回でしたが、週に 1 回 Check しているケースを考えてみましょう。たとえば、1 か月目の第 2 週が終わった時点でテレアポ数がまだ 40 社という進捗で、このままだと 1 か月目のテレアポ数が 80 社になる見込みだとします。今月 100 社のテレアポをする目標が、今のままだと 20 社足りず、商談数の目標 10 社も達成できなくなり、それ以降の契約数 5 社や売上 500 も達成できない可能性が高い。このように「中間地点」の進捗がわかることで、近い将来の予測

図 6　Check の結果にもとづいて軌道修正する（A）

がしやすくなります。この場合、**図 5** と同じ結果になる可能性が高いと予想でき、計画を軌道修正して Action していくことを考えます。減ってしまう商談数を増やす方法や、商談数が減ったとしても契約 5 社を達成できる方法を考えることで、売上 500 の達成に向けての「道順の変更」を行います。たとえば、今のままでは足りない商談数 2 社を、交流会に参加することでリカバリーするという具合です。

このように、こまめに Check して進捗状況を確認することで、KGI の未達成につながる原因を早く発見することができます。そうすることで、KGI 達成に向けた逆算をして「道順の変更」をし、早く軌道修正して Action することで、KGI 達成の可能性は高まります。

以上が、PDCA に KPI を活用するプロセスになります。チーム全員で PDCA をまわす時に、そのチームに属する 1 人ひとりが感覚的に PDCA をまわすとお互いの認識がズレてしまうことも多いですが、KPI を PDCA に取り入れることで PDCA が定量的になり、チーム全員がロジカルに PDCA の各段階の状況を理解しやすくなります。

ビジネスにおいて「一人では到達できない目標」にチーム全員で向かおうとすれば、このように「全員にとってわかりやすい状態」をつくることが大切です。その結果、全員で共通認識を持ちやすくなり、協力し合いながら共通の目標達成に向けて一致団結して PDCA をまわしていけるのです。

4　数値化で組織のマネジメントが変わる

　個人の成長においても組織の成長においても、PDCA を行う際に KPI を活用することは有用です。組織で PDCA を行う場合は、複数の人たちが同じ目標に向かっていっしょに行動することになるので、マネジメントも複雑になってきます。

　ここでは、KPI を活用して組織のマネジメントをするメリットを 2 つ取り上げてみます。

①　ビジネスのコミュニケーションを円滑にする

　「ビジネスにおいて、数値は大切だと思いますか?」と聞かれて「No」と答える人はいないでしょう。数値が悪くなれば、そのビジネスはいずれ「終わり」を迎えます。しかし、毎日のビジネスの現場ではそこまで数値が意識されておらず、数値を使ったコミュニケーションもされていない場合が多いです。

　たとえば、上司が「テレアポをもっと頑張ろう」と言い、部下が「はい!頑張ります」と返す会話には、1 つも「数値」が入っていません。上司が心の中で「今月はテレアポ 120 社はしてほしい」と思っていても、部下は「先月のテレアポは 100 社だったので、今月は 110 社やれば大丈夫だろう」と思っている場合、スタートの時点ですれ違いが起きています。その月が終わって、部下は自分なりに頑張ったので「今月は頑張っ

たので、110 社できました」と報告したとしても、上司は不満げな態度を取るでしょう。それではお互いが不幸です。

　最初の時点で、上司が「先月のテレアポ数は100 社だったので、今月は120 社できるように頑張ろう」と目標が数値で具体化されていれば、部下も「では少なくとも1日5社のテレアポを頑張ります」となり、コミュニケーションロスは減るでしょう。

　「数値」という、ビジネスにおけるコミュニケーションのための「言語」をうまく使うことで、ビジネスは円滑になるのです。

損益計算書（PL）とKPI を対比する

　ビジネスで登場する「数値」には、財務会計や管理会計で使われる数値と、KGI やKPI で使われる数値があります。ここで、前者の代表を損益計算書（PL）、後者の代表をKPI として、PL とKPI を対比してみましょう。

　KPI のメリットとして、「直感的に理解しやすい」ことが挙げられます。PL は簿記の専門知識がないと理解するのに苦労します。一方のKPI は、そのような専門知識がなくても、たとえば「テレアポ数」というだけでどういった内容なのかが伝わります。KGI の達成に向けて全員でPDCA をまわしていくときに、KPI はその組織の言語として全員が使いやすい数値です。つまり、コミュニケーションの言語としてKPI を活用することで、共通認識が持ちやすくなり、効率的に組織運営しやすくなります。

②　セクショナリズムを乗り越えて連携を促進する

「木を見て森を見ず」という言葉があります。これは目先の小さいことに目を奪われて全体を見通せないことを意味しています。ビジネスで例えるなら、「営業部長は営業部のことしか見えておらず、事業全体が見えていない」といった場合です。このような部分最適な視座になっている状態では、**セクショナリズム**が発生しています。また逆に、「営業部長は事業全体は見えているが、営業部内のことはよく見えていない」という「森を見て木を見ず」の状態も良くありません。理想的には「森も見て木も見る」、つまり「全体最適」な視座を持ちながら、「部分最適」な視座もあわせ持つ状態が望ましいです。

たとえば、「テレアポをして、商談をし、契約を増やして売上を上げる」というプロセスのすべてを、個人が 1 人ひとりで一貫して追いかけているなら「自分自身の目標である売上 500 の達成に向けて、自分自身でテレアポ数 100 社を目指す」（**図 4** の場合）ことがはっきりして、目標通りに進まなかったときの軌道修正もしやすいでしょう。

しかし、同じプロセスを組織全体で追いかけようとすれば複雑になります。たとえば、テレアポはテレアポチームが担当し、その後の商談はセールスチームが担当しているとします。テレアポチームの進捗が悪く、テレアポ数が 100 社の目標に対して 80 社になりそうだとしても、その進捗状況が互いに共有されていなければ、セールスチームの方でリカバリーできません。たとえば、「テレアポチームから商談 8 社しかパスが回ってこないようなので、セールスチームが別の方法で商談をあと 2 社増やそう」という全体最適なマネジメントができません。つまり、ビジネス全体を俯瞰して、共通の目標（**図 4** の例では売上 500）に向かって、チー

ム横断的に共通認識をもってリカバリーし合うことが大切です。縦割り型組織になってしまっていると、テレアポチームとセールスチームの連携ができずに、各チームごとの部分最適なマネジメントにおちいり、結果として売上というKGIが未達成になりがちです。

　このようなセクショナリズムによる分断は、チーム間だけではなく、チーム内での個人と個人の間でも存在します。こういった分断があればあるほど、情報・経験・知識・アイデアなどが流通しにくくなって、部分最適なマネジメントになりがちです。

　組織全体の課題を、特定の個人やチームにとってのみ最適な解決（部分最適）をはかるのではなく、KPIを活用することで個人同士やチーム同士の連携を促進し、組織全体にとって最適な解決（全体最適）をはかりやすくなります。

第 **2** 章

KPI を設計する

　過酷な環境にあっても事業成長している企業はたくさんあります
が、その成長スピードが速い企業の共通点として、「数値を活用して、
速く、精緻に PDCA をまわしている」という点が挙げられます。
　KPI 式 PDCA は、PDCA を個人のタスクのレベルのみではなく、
経営や事業全体のレベルで活用し、「組織全体の PDCA 力」を高め
ることで「組織の力」を高めていくフレームワークです。
　本章以降では、KPI という数値を活用しながら、組織として速く
精緻に PDCA をまわしていくための具体的な進め方について、説
明していきます。

1 KPI ツリーをマスターする

KPI 式 PDCA の出発点が、KPI の設計です。いわば事業を成長させるための「**設計図**」をつくることでもあり、大切なステップです。KPIを設計するときに欠かせないフレームワークが「**KPI ツリー**」です。

KPI ツリーは、ロジックツリーの一種です。ロジックツリーとは、ある事柄に対して、それを構成している要素をツリー状に分解して可視化したものです。KGI を頂点として、それを実現するための要素を KPIで分解し、ロジックツリーに表現したものが KPI ツリーです。

1-1 KPI ツリーをつくる手順

以下に、KPI ツリーをつくる手順を説明していきます。

① 最終的に達成したい目標である KGI を決める

図 1 を見てください。まず、KPI ツリーの頂点となる KGI を決めます。KGI は、最終的に達成したい目標です。ここでは、「売上」がKGI です。

② KGI を KPI でツリー状に分解する

①で決めた KGI を起点に、それを実現するための要素を KPI とし

て抽出し、ツリー状に分解していきます。左端に KGI を置き、右側
に樹形図を伸ばしていきます。KGI を達成するために重要と考えられ
る KPI を抽出し、どんどん分解していきましょう。

図1　KPIツリーをつくる手順

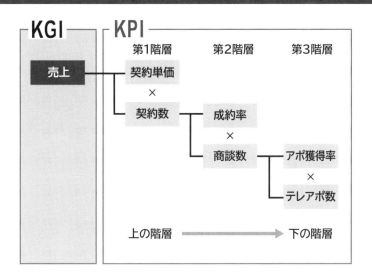

この図では、右に進むほど、下の階層を示す。上の階層にある要素は、
下の階層の要素に影響を受けることが表されている。

第 1 階層　売上を分解すると【契約単価×契約数】になる。
第 2 階層　契約数をさらに分解すると【成約率×商談数】になる。
第 3 階層　商談数をさらに分解すると【アポ獲得率×テレアポ数】
　　　　　になる。

1-2 KPIツリーを使ってKPIを設計するメリット

KPIツリーのフレームワークを使ってKPIを設計することの主なメリットは、次のとおりです。

① 漏れなくダブりなくKPIを抽出できる

KPIツリーを使ってKPIを設計することで、**図1**の場合であれば、KGIである「売上」を構成するKPIを漏れなくダブりなく抽出しやすくなります。そうすると、今まで見えていなかったKPI、すなわち目標達成につながる要素が浮き彫りになります。

② ビジネスの全体像やKPI同士の関係がわかりやすい

図1では7個のKGIやKPIが登場しましたが、これら個々の要素が並列に並んでいるより、KPIツリーの形で並んでいる方が、ビジネスの全体像やその中でのKPI同士の因果関係がわかりやすいです。たとえば、契約数の達成状況が悪かったときに、その原因を探るには、そのすぐ下の階層を見ればわかります。この場合、「成約率」か「商談数」のどちらかに問題があるはず、という因果関係が生じています。因果関係がわかれば、KGIの達成に向けて「どこに課題があるのか」「どこに注力していけば良いのか」は一目瞭然です。

1-3　KGIを決めるときの注意点

　最終的に到達すべきゴールがKGIですが、KGIの中身は、「誰」にとってのゴールなのかによって変わってきます。「個人」のゴールなのか、「部門」のゴールなのか、「事業全体」のゴールなのかというように、「誰」にとってのゴールなのか決めた上で、ゴールの中身を決めましょう。

部門のゴール

　まず、「部門」のゴール別に、①営業部門（図2）、②マーケティング部門（図3）、③人事部門（図4）のKPIツリーの例を図示しました。
　KGIという「定量化したゴール」を設定できて、そのゴールに向かうプロセスがあれば、企業活動のあらゆる場面で、KGI達成に向けてKPIを活用したプロセス管理が可能です。たとえば、図4であれば、スカウトメールを送って、返信があった人の書類選考をして面接し、内定を出してから採用決定するというプロセスになります。
　KGIを何にするかによって、KPIの設計は全く変わってきます。

事業全体のゴール

　次に、「事業全体」のゴールの場合を考えてみます。たとえば、事業全体のゴールを「売上」としたときに、「新規顧客数を増やす」や「見込客への訪問回数を増やす」といった「売上という最終ゴールに到達する途中時点」はKGIではありません。事業全体のゴールを「売上」ではなく、その途中地点にある「新規顧客数」にすることもできますが、

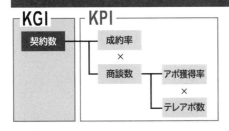

図2　営業部門の KGI を契約数とした KPI ツリーの例

契約数を KGI として KPI を設計することによって、目標達成または未達成の原因は、テレアポの件数が少ないのか、それとも成約率が悪いのかといったように、どこに課題があって何を改善すべきなのかがはっきりします。

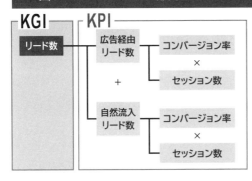

図3　マーケティング部門の KGI をリード数とした KPI ツリーの例

リード数の獲得は、広告経由が多いのか、それともそれ以外の自然流入が多いのか、また、それぞれのリード数について、Web ページへの訪問者の数（セッション数）が多いのか、それとも Web ページに訪問してからのコンバージョン率が高いのかがわかりやすくなります。

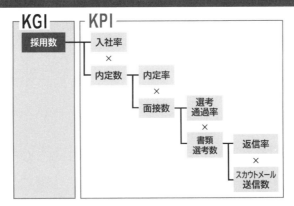

図4　人事部門の KGI を採用数とした KPI ツリーの例

営業部やマーケティング部などの直接部門だけでなく、目標設定が定量化しにくい人事・経理・総務といった間接部門でも KGI を決めることができます。自社に興味を持ってもらうため、どのような手段で何人にアプローチできたのか、その結果、何人が書類選考を通過し、何人が採用面接を受けにきたのか、そのうち何人が内定を承諾したのかというように KPI 管理を行うことで、注力すべき点が明らかになります。

事業全体のゴールとしては、一般的な経営指標である売上や利益、キャッシュ・フロー、ROIC（Return On Invested Capital）が、KGI としてよく使われます。

1-4　KPI ツリーづくりのポイント 5 選

　KPI ツリーをつくる時のポイントを 5 つ紹介します。ここでは、「事業全体」のゴールとして「売上」を KGI とするケースで考えます。ただし、事業全体の売上といっても、ビジネスモデルが B to B なのか B to C なのか、またはそれ以外なのかによって KPI ツリーは異なってきますので、ここでは B to B の場合を例に進めていきます。

ポイント 1　KGI までのプロセスを考える

　KGI に至るプロセスをフロー図にして考えることで、KPI ツリーをつくりやすくなります。たとえば、「電話をしてアポを取り、商談をして契約すれば売上になる」というプロセスがあるとします。それを KGI に至るプロセスに表現する手順を、**図 5** にまとめました。

ポイント 2　四則演算でつなげる

　分解前の KPI と分解後の KPI はすべて四則演算、すなわち足し算（+）、引き算（−）、掛け算（×）、割り算（÷）でつなげます。**ポイント 1** のように、KGI までのプロセスにそって分解するときは、**図 5 ④**のように主に掛け算でつなげます。その他、足し算でつなげる場合と、引き算でつなげる場合を**図 6** に示しました。新規顧客から新規契約を獲得する

図5　フロー図を描いてから KPI ツリーをつくる

① まずは KGI に至るプロセスを、フロー図にして大まかに整理する。

② ①のフロー図を KPI として表現しなおす。

③ ②のフロー図では、漏れている KPI が存在する。これらの KPI 同士の間にも KPI が存在するため、以下のように加えていく。

たとえば、テレアポ数 100 に対して、10% のアポ獲得率だったので商談数が 10 になり、その商談数 10 に対して、成約率が 50% だったので契約数が 5 になり、契約単価が 100 だったので売上が 500 になる、というものである。

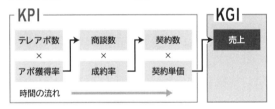

④ ③を KPI ツリーとして表現しなおすと、以下のようになる。③では左から右へ時系列として KPI が並んでいるが、それを④では右から左へ並び替え、KGI を頂点とした KPI ツリーに組み替えている。

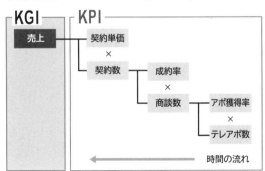

プロセスと、既存顧客からリピート契約を獲得するプロセスがあると
いったように、複数のプロセスがある場合は足し算が登場します。さら
に、サブスクリプション契約のように、期間があり更新されずに解約が
発生する契約の場合は引き算が登場します。

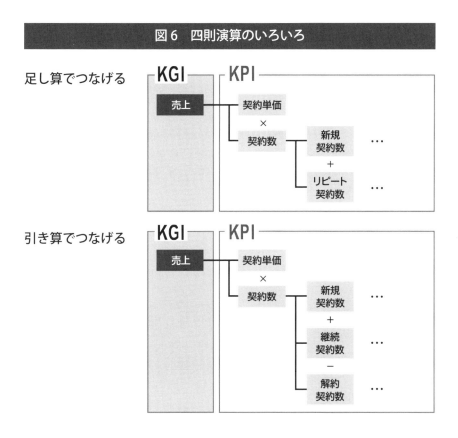

図6　四則演算のいろいろ

このように、KPI 同士の関係を四則演算で表しながら、KPI ツリーをつくります。そうすることで、漏れなくダブりなく KPI を抽出できます。また、KPI の数値が変動した場合に、KGI にどのように影響が出るかを簡単に測定できます。たとえば、図 7 の KPI ツリーで考えてみましょう。四則演算を使って分解していくと、【契約数 3 社 ＝ 商談数 15 社 × 成約率 20%】という関係が成り立っていることがわかります。

　ここで、商談数が 20 社に増えた場合、成約率が 20% のままだとすると、契約数は 4 社（ ＝ 20 社 × 20%）になるとわかります。

　このように、KPI 同士の関係を四則演算を使って数式であらわすことで、次のことがわかります。

図 7　KPI 同士の関係を簡単な数式で表現する

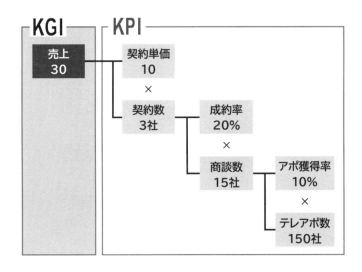

- テレアポ数が 150 社から 100 社に減った場合、アポ獲得率が 10% のままなら、商談数は 15 社から 10 社に減る。
- そして、商談数が 15 社から 10 社に減った場合、成約率が 20% のままなら、契約数は 3 社から 2 社に減る。
- さらに、契約数が 3 社から 2 社に減った場合、契約単価が 10 のままなら、売上は 30 から 20 に減る。

　以上から、「テレアポ数が 150 社から 100 社に減ることで、KGI である売上が 30 から 20 に減る可能性がある」ことがわかります。このように、各 KPI の数値が変動したときに、KGI がどれほど変動するかをシミュレーションすることで、「どの KPI が重要なのか」「どの KPI を変動させることがもっとも KGI の改善に影響が大きいのか」が明らかになります。

　一方、四則演算を使って分解した場合、たとえば「顧客満足度」という KPI は、KPI ツリーの中に出てきません。なぜなら、顧客満足度は定量化しづらい上に、仮に定量化できたとしても、その数値が「1」変動したら、他のどの KPI がどれくらい変動するかを表せず、四則演算で他の KPI との関係を定義できないからです（ただし、「顧客満足度」という KPI が重要ではないということではありません）。

　このように、KPI ツリーをつくることで KPI 同士の関係がわかりやすくなりますが、四則演算を使って分解していくことで、さらに KPI 同士の関係がわかりやすくなります。組織として PDCA をまわしていくには、「誰にとってもわかりやすくて共通認識が持ちやすい」PDCA であることが大切です。四則演算以外の複雑な数式を使って分解する

と、「誰にとってもわかりやすい」という特徴が失われるので注意が必要です。

　その他にもいろいろなメリットがあるので、四則演算で KPI 同士の関係を定義しながら、KPI ツリーをつくってみてください。ただし、四則演算で分解するメリットを説明するために**図7**では数値を示しましたが、KPI ツリーをつくるこの段階では、まだ KPI の数値までは考えなくてもよいです。

ポイント 3　単位に注意する

ポイント 2 では、四則演算を使って KPI ツリーをつくる方法を説明しました。注意点としては、「円」「千円」「%」「人」「回」などの単位を間違えないことです（図8）。

間違ってしまうケースも多いので、意識しながら KPI ツリーをつくっていきましょう。

図8　KPI の単位に注意

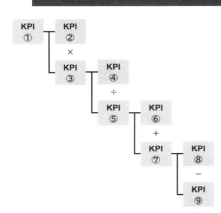

掛け算で分解した場合、KPI ①の単位と、KPI ②または KPI ③のいずれかの単位は同じ単位になります。

割り算で分解した場合、KPI ③の単位と、KPI ④または KPI ⑤のいずれかの単位は同じ単位になります。

足し算で分解した場合、KPI ⑤の単位と、KPI ⑥および KPI ⑦の単位は、すべて同じ単位になります。

引き算で分解した場合、KPI ⑦の単位と、KPI ⑧および KPI ⑨の単位は、すべて同じ単位になります。

KPI の単位について、もう少し具体的に考えてみます。

契約数（単位：社）を成約率（単位：%）と商談数（単位：社）の掛け算で分解すると、成約率と商談数のいずれか（この場合でいうと商談数の単位）が、その上位階層の契約数と同じ単位（社）になります。

商談数（単位：社）をテレアポからの商談数（単位：社）と Web からの商談数（単位：社）の足し算で分解すると、テレアポ商談数と Web 商談数のいずれも、その上位階層の商談数と同じ単位（社）になります。

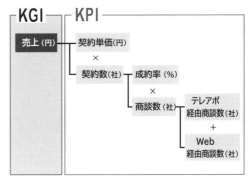

ポイント4　KGI までのプロセスを細分化する

　以上のような基本を踏まえた上で、次は KGI に至るプロセスを細かく分解していきます。

　図9①に、見込み顧客から Web サイトを通じて問い合わせがあり、それに対して電話してアポを取り、商談して契約につなげるというプロセスの KPI ツリーを示しました。

　①のプロセスを細かく分解したものが、②の KPI ツリーです。見込み顧客と商談をした上で「見積書を提出してから契約に至る」（A）というプロセスを加えて細分化しています。

　さらに「Web サイトからの問い合わせ」というプロセスを遡って、「Web サイトへの訪問（セッション）」（B）というプロセスを加え、細分化すると、③の KPI ツリーになります。

　このように、まずは KGI に至るプロセス全体の流れを①のように整理してから、②、③のように細かく分解していくとよいでしょう。

図 9　KGI までのプロセスを細分化する

① 見込み顧客から Web サイトを通じて問い合わせがあり、それに対して電話してアポを取り、商談して契約につなげるというプロセス。

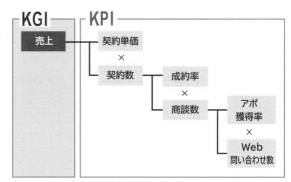

② ①を細分化し、商談をした上で「見積書を提出してから契約に至る」というプロセス（A）を加えた。

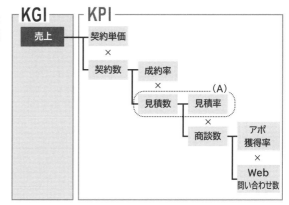

③ さらに「Web サイトからの問い合わせ」というプロセスを遡って、「Web サイトへの訪問（セッション）」というプロセス（B）まで細分化した。

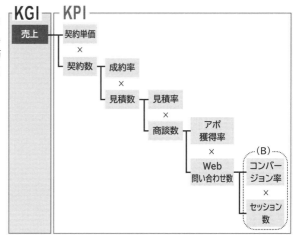

ポイント 5　What?　Why?　How? を使って分解する

　細かく深掘りして KPI で分解するときは、「What?（何を向上すべきか?）」「Why?（なぜ向上しないのか?）」「How?（どうやって向上させるか?）」を考えて分解していくとよいでしょう。

　図 10 ①の KPI ツリーで、「商談数を増やすには、何を（**What?**）増やせばよいのか」を考えます。そうすると「今は Web サイトからの問い合わせに対して電話をかけてアポを取っているので、Web サイトからの問い合わせ数を増やせばよい」「仮に Web サイトからの問い合わせ数が増えても、アポが取れないと商談にはつながらないので、アポの獲得率を高めないと商談数は増えない」と整理ができたとすると、②のように分解できます。

　次に、「なぜ（**Why?**）商談が増えないのか」を考えます。「Web サイトからの問い合わせに対して電話をかけて商談アポを取るようにしているが、その Web サイトからの問い合わせに対して電話対応しきれていない」ことが原因だったとすると、②の KPI ツリーの「商談数」と「Web問い合わせ数」の間（②A）を③A のように細分化できます。つまり、Web 経由の問い合わせ数に対してどれくらいの割合で電話対応ができたのかという「架電対応率」と、その結果、どれくらいの数の電話対応ができたのかという「架電数」に分解できます。

　さらに、「商談数を増やすには、どうやって（**How?**）増やせばよいのか」を考えます。「Web サイトからの問い合わせが中心になっているが、それ以外にも、セミナーや展示会、代理店などのチャネルからも商談をつくっていく」という対策を考えたとすると、④のように分解できます。

　このように、自問自答しながらそれぞれ分解してみてください。

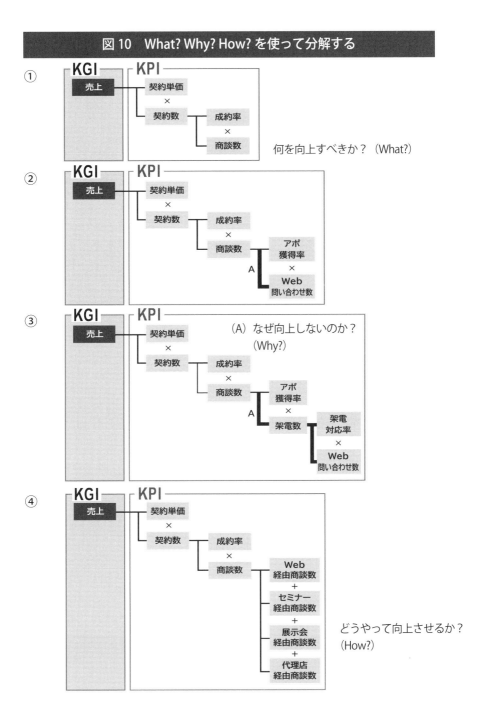

図 10　What? Why? How? を使って分解する

以上の5つのポイントに注意しながらKPIツリーをつくっていきましょう。最初から最適なKPIツリーをつくろうと肩肘を張り過ぎないようにしてください。当たり外れが多少あっても、KPIを運用しながら状況に応じてアップデートしていけば問題ありません。

　KPIツリーができたあとに一度、見直してチェックすることも大切です。
　プロセスにそってKPIツリーをつくることで、出来上がったKPIツリーでは、右から左へと時間が流れていきます。**前頁の図10②**のKPIツリーでいえば、右から順に、以下の流れになります。

⑴　見込み顧客からWebサイトを通じて問い合わせがある。
⑵　折り返し連絡してアポを取り商談をする。
⑶　商談して契約につなげる。
⑷　契約した案件の単価を掛け算すれば売上になる。

　KGIに至るプロセスが、KPIツリーの右から左へ向かって、KPIで正しく表現されているかをチェックしましょう。

1-5　失敗しやすいポイントと対策 9 選

KPI ツリーをつくる際、失敗しやすいポイントを記しておきます。

✖失敗 1　KPI の設計に対して現場の納得感が得られない

「経営者が KPI を設計して現場に落としていった」「管理部門で KPI を設計して事業部門に通知した」「部長が KPI を設計して部内のメンバーに指示をした」というように、トップダウンで KPI を導入する場合は、現場のメンバーに対して押しつけになりがちです。現場が KPI マネジメントを納得して受け入れない場合、他人事として捉えて主体性をもてなかったり、なぜその KPI 設計なのかの理解が浅くなったりして、しっかり運用できずに効果が出にくいおそれがあります。また、現場からの KPI データを取得するのに手間がかかったり、不正確なデータが提出されたりすることもあります。そうなると、運用の手間がかかる一方で、運用効果が見えてこないことでさらに KPI マネジメントに本腰が入らなくなるため悪循環です。

トップダウンとボトムアップのどちらでつくるべきか

表 1 に、KPI ツリーをトップダウンでつくる場合と、ボトムアップでつくる場合のそれぞれについて、メリットとデメリットをまとめました。

トップダウン方式で進めるのであれば、その後の運用の中で、現場の意見を聞きながら、KPI ツリーを柔軟に改変していくといいでしょう。

表1　トップダウン方式とボトムアップ方式の比較

	メリット	デメリット
トップダウン	●KPI ツリーをつくるときの関係者が少ないのでスピーディーにつくりやすい。 ●トップの意図を反映しやすい。	●現場の納得感が得にくく、現場の視点が漏れて実務と乖離したものになりがち。
ボトムアップ	●現場の納得感を得やすい。 ●現場の視点が入って実務に即したものになる。	●KPI ツリーをつくるときの関係者が多くなって、意見の食い違いなどからつくるのに時間がかかる。 ●トップの意図が反映されにくい。

　ただ、スピード重視でない場合は、ボトムアップ方式でつくることをお薦めします。理由としては、「チーム・組織・企業としての目的・目標（業績や生産性など）を達成すること」を目的にKPIマネジメントをはじめる場合が多いので、KPIツリーをつくるのに時間がかかったとしても関係者全員の納得感が得られて、かつ、実務にそった内容にKPI設計することで、短期的にも長期的にも効果を得やすいからです。また、「KPIの数を増やす」などのアップデートもしやすくなります。

　トップダウン方式で最終目標と中間目標を設定する場合、最終目標に向けてやるべきことが固定化し、現場の社員が自ら「最終目標を達成するためには何をどうすればいいのか」を柔軟に考える力が低下する可能性があります。さらに社員が「決められたプロセス通りに行動していればいい」と考えたり、経営者が目標やプロセスを決めないと行動できなくなるおそれもあります。ボトムアップ方式でKPIツリーをつくることは、このデメリットに対して有効です。

関係者が集まってつくることの重要性

　では、ボトムアップ方式でつくる場合、どのようなメンバーに集まってもらってつくることが有効でしょうか。たとえば、マーケティング部・営業部・カスタマーサポート部がある企業の場合、KGI を事業全体の売上にするとその目標達成に対して 3 つの部門のいずれも強く関係していることから、3 つの部門の部長、または各部門の状況を把握しているメンバーが集まって KPI ツリーをつくるとよいでしょう。また、KGI を営業部の売上にした場合は、営業部のリーダーや主要メンバーに集まってもらって KPI ツリーをつくるとよいでしょう。このように、決めた KGI の関係者が集まって意見を出し合い、共通認識を持ちながらつくることが大切です。

　設計した KPI の数だけそのデータを取らないといけないので、KPIの数が増えれば、データ集約に時間と手間がかかります。それには各部門、各メンバーの協力が必要です。すでに存在するデータなら集めてくるだけでよいですが、存在しないデータの場合は取得できるように業務フローを見直さなければなりません。関係者が集まって KPI ツリーをつくることで、「なぜその KPI が必要なのか」が理解されやすくなります。関係者がコミットしやすくなることで、業務フローが改善され、運用が容易になるはずです。

　クロス・ファンクショナル（部門横断的）なプロジェクトとして、関係者でいっしょに取り組むようにしましょう。

✖失敗2　KPIの定義が関係者間で異なる

　たとえば、管理部が営業部に「商談数」のデータを依頼したものの、届いたデータの「**定義**」が互いに食い違っていて、その内容を確認するのに双方手間がかかるということはないでしょうか。一口に「商談数」といっても、どの時点の商談を意味するのかについて、「最初に訪問したとき」「商品・サービスの説明したとき」「見積書を出したとき」など、その「定義」はいろいろ考えられます。

　このように、KPIの意味するところは、チームによって、または人によって、解釈が異なることが多いです。そうすると、どの定義で取得したデータなのか、一つひとつ確認しないといけません。管理部が欲しい商談数のデータと、営業部が依頼されたと思っている商談数のデータの定義が食い違ってしまうと、その確認にお互い手間がかかるだけでなく、誤った判断につながりかねません。これは管理部と営業部というような部門間の話だけではなく、営業部の部門内でも、メンバー間の定義がバラバラだと同じことが起こります。

　KPIの定義は「**フロー**」か「**ストック**」かによっても変わってきます。フローとは、たとえば、「今月新しく発生した商談の数」です。つまり、特定の「期間」に増えた数や減った数を意味します。一方、ストックとは、たとえば、「今月末時点で商談中になっている数」です。こちらは、特定の「時点」でその状態にある数を意味します。この場合は、「今月新しく発生した商談で、今月末時点でまだ商談中のステータスにある商談の数」だけではなく、「前月までに新しく発生していた商談で、今月

末時点においてもまだ商談中のステータスにある商談の数」を含みます。どちらの定義かによって全く異なる数字になります。

　関係者間で各 KPI の定義をすり合わせて、その上でコミュニケーションできるようにすべきです。具体的には、KPI ツリーで設計した KPI ごとに、関係者間ですり合わせた定義を辞書のようにテキストで明記しておくといいでしょう。組織としてのいわば「**KPI 辞書**」をつくってテキスト化し、全員がいつでも参照できるようにして、同じ認識を持てるようにしましょう。あわせて、KPI ごとの責任者や担当者も明確にしておきましょう。

✖失敗 3　KPI を頻繁に設計し直さないといけない

　KPI ツリーをつくって PDCA をまわしはじめた A 社。開始して間もなく、新たに広告出稿をすることになり、その KPI を追加することになりました。さらに 3 か月後、新サービスをリリースしてその KPI を追加することになりました。こうなってくると、その都度 KPI ツリーを設計し直す必要があり面倒です。

　KPI ツリーは、状況に応じて常に見直す必要があります。随時見直すことが一番厳密な運用ですが、手間がかかるので、四半期ごとや半期ごと、あるいは 1 年ごとに、定期的に見直すケースも多いです。定期的に見直すという大前提のもと、その手間を減らすには、「いまはまだ取り組んでいないものの、これから取り組もうと思っていること」も KPI ツリーの中に含めてしまいましょう。たとえば、いまは広告出稿をしていなくとも、今後する可能性がある場合は KPI ツリーに含めてしまい

ましょう。

　現時点では「これから取り組むこと」を継続していくかどうかは未定だったとしても、その判断をするためのKPIデータを取り、その上で、継続するかどうかを決定するはずです。たとえば、広告出稿の場合、試しに何か月か出稿して各種のKPIで効果測定をし、続けるかどうかを判断すると思います。つまり、「これから取り組むこと」であったとしても、KPIを定めて、効果測定をし、合理的に意思決定をする、というプロセスは変わりません。あとは、「①KPIツリーに入れてそのプロセスを一巡させる。その上で、継続しないとなればKPIツリーから削除する」か、「②KPIツリーに入れずに、KPIツリー外でKPIマネジメントをして、継続的に実施していくとなればKPIツリーに入れる」かのどちらかです。

　①のメリットは、KPIについて一元管理しやすいことで、デメリットは、継続しない場合はつくったKPIツリーを修正する手間が発生することです。②のメリットはその裏返しで、KPIツリーをつくったり修正したりする手間が省けますが、デメリットとしては、本格運用段階のKPIと、テスト運用段階のKPIの2つに分けて管理する必要があることです。メリットとデメリットのバランスを考えながら、最適な方を選んでください。

✖失敗4　KPIに適した条件を満たしていない

　KPIとして適した条件は、「数値化できて計測できる」「コントロールができる」「関係者の同意が得られる」ことです。この中でも特に「数

値化できて計測できる」という条件が大切です。せっかく KPI ツリー
をつくっても、それを計測できなければ、どの KPI に問題があるのか
がわかりません。そこで次の３つを意識しながら KPI ツリーをつくっ
てみましょう。

KPI に適した条件 1　数値で計測できる

　たとえば、「顧客満足度」は数値で計測しづらいものかもしれません。
計測できなければ、その KPI の現状が目標に対して「良い」のか「悪い」
のかの基準が曖昧で、その基準が関係者間で異なっていると、意見が食
い違って共通認識が持ちづらくなります。KPI ツリーをつくるときは、
個々の KPI を「客観的な数値で定量的に計測できるのか」に気をつけ
ましょう。

KPI に適した条件 2　データとして入手できる

　たとえば、顧客数について、「新規の顧客数」と「リピートの顧客数」
に分けてデータを取っていなかった場合、「やろうと思えば分けてデー
タを取ることができる」のか、それとも「どう頑張っても分けてデータ
を取れない」のかによって KPI ツリーは変わってきます。前者であれ
ばデータを分けて KPI ツリーをつくれますが、後者であればそれがで
きません。KPI ツリーをつくる過程で出てきた各 KPI について、データ
を実際に取れるのかどうかは重要です。

KPI に適した条件 3　手間をかけてでも入手すべき価値がある

　さきほどの「新規の顧客数」と「リピートの顧客数」のデータについ

て、「やろうと思えば分けてデータを取ることができる」としましょう。その場合、次に考えるのは、手間をどこまでかけるかです。手間をかけてでも入手した方がよいのであればKPIツリーの中に入れるべきですし、手間をかけてまで入手するほど重要なKPIではないのであればKPIツリーの中には入れないでおきましょう。

✖失敗5　KGIまでのプロセスを細分化できていない

　KPIマネジメントを始めると、「それぞれのKPIをそこそこ達成しているのになぜかKGIが達成できない」と感じる場面が出てきます。それは、KGIに至るプロセスを細分化できていない、つまり、KPIツリーの階層が少ないことが原因かもしれません。

　KGIを受注数として、受注につながるKPIのプロセスを例に考えてみましょう。図11①の例では、KPIツリーは3階層になっています。

　この状態から、問い合わせ率、商談化率、受注率が、それぞれ1.1倍になるとどうなるでしょう？　②のKPIツリーのように、受注数が11社になって、①の受注数8社に比べて3社も増えます。

　それぞれのプロセスをさらに細分化するとどうなるでしょうか。③のKPIツリーを見てください。この例ではKPIツリーは4階層です。より細分化したKPIである問い合わせ率、接続率、商談化率、受注率が、先ほどと同じようにそれぞれ1.1倍になるとどうなるでしょうか？　④のように受注数が12社になって、①の受注数8社に比べて4社も増えることになります。

　現実のビジネスはそんなに単純ではありませんが、プロセスを細分化

して KPI ツリーをつくり、それをもとに課題を発見して改善策を考え
て実行し、それぞれの KPI の数値を愚直に 1% でも 0.1% でも上げてい
くことが、KGI の数値に大きなインパクトをもたらすことが見てとれ
るでしょう。

図 11　KPI ツリーの階層を細分化して増やす

①自社の Web サイトが見られ
た回数（セッション数）が 500
回で、そのうちの 20% の 100
社が問い合わせをしてくれて、
その 100 社のうち 40% の 40 社
と商談でき、その 40 社のうち
20% の 8 社が受注に至った、と
いう状態。

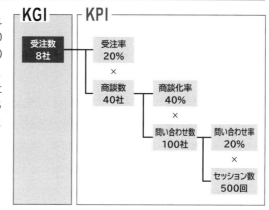

②問い合わせ率が 20% から
22%（1.1 倍）になり、商談化
率が 50% から 55%（1.1 倍）に
なり、受注率が 20% から 22%
（1.1 倍）になった状態。

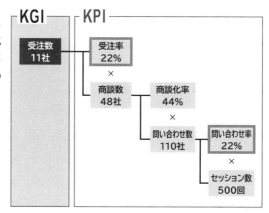

③自社の Web ページが見られた回数（セッション数）が 500回で、そのうちの 20% の 100社が問い合わせをしてくれて、その 100 社に対して電話したところ、80% の 80 社に対して電話がつながり、その 80 社のうち 50% の 40 社と商談でき、その 40 社のうち 20% の 8 社が受注に至った、というプロセスに細分化。

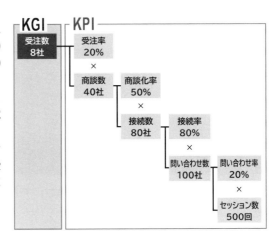

④より細分化した KPI である問い合わせ率、接続率、商談化率、受注率が、先ほどと同じようにそれぞれ 1.1 倍になった場合、受注数が 12 社へと増える。

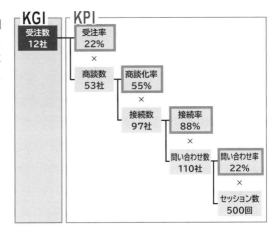

✖失敗 6　KPI ツリーを見ても何をすべきかよくわからない

　KPI ツリーをつくっても、KPI の分解が十分にできていないと、「何をやるべきなのかがよくわからない」となりがちです。

　図 12 ①と②のどちらの KPI ツリーも、「商談数」という KPI までの分解は同じです。しかし、①の KPI ツリーは「商談数」までで分解が止まっていますが、②の KPI ツリーはさらに「アポ獲得率」と「テレアポ数」に分解しています。

　「商談数を増やそう」とする場合、「どうやって増やすのか」までは①の KPI ツリーの中に盛り込まれていないので、人によってアクションが変わってしまうかもしれません。何をすればよいかわからない人もいるでしょう。つまり、商談数を増やす方法が人任せになり**属人化**してしまいます。あるいは、商談数が増えたとしても、なぜ増えたのかとい

図 12　分解を進め、事業の再現性を高める

① 「商談数」までで
　 分解が止まっている。

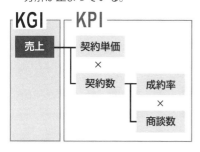

② 「商談数」以降も、
　 「アポ獲得率」と「テレアポ数」に分解している。

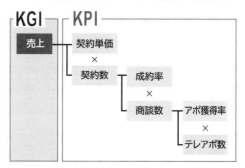

う原因が**ブラックボックス化**してしまいます。

　一方、②のKPIツリーであれば、商談数を増やすためには「アポ獲得率を高める」か「テレアポ数を増やす」かのどちらかだとわかります。そうすれば、「アポ獲得率を高めるために、トークスクリプト（営業台本）を修正しよう」「テレアポ数を増やすために、日中以外の時間で事務作業を行って日中はテレアポに時間を使おう」というように、具体的な行動につなげやすくなります。

　この「テレアポ数」をさらに分解することもできます。どんどん分解することで「何をやるべきか」が明確になっていきます。日々の行動に迷いがなくなるくらいに細かく分解していくことで、「KGIを達成するためには何をすべきか」がよりはっきりするので、KGIを達成し続けるノウハウが溜まり、**事業の再現性**が高まるのです。

　企業・組織・チーム・個人などのいずれにおいても、KPIツリーの設計が、KPIマネジメントをする「意図」「方針」となりえます。①のKPIツリーであれば、「商談数を増やすための方法については個人に任せる」という方針になるかもしれませんが、②のKPIツリーであれば、「属人的な方法で商談数を増やしていくのではなく、アポ獲得率とテレアポ数の2つのKPIの再現性を高めて**仕組み化**していこう」という方針になるかもしれません。お薦めは後者です。

　事業を成長させるためには、事業の再現性を高めることが近道になります。②のようにKPIツリーを設計することで、商談数を増やすノウハウとして「アポ獲得率を高めていくノウハウ」と「テレアポ数を増やしていくノウハウ」が溜まり、商談数を増やす再現性が高まることにつながるでしょう。また、商談数が未達成だった場合に、どこに問題があ

るのか（アポ獲得率なのか、テレアポ数なのか）が明らかになります。つまり、KPI ツリーを細分化していくことで、ゴール（KGI）までの道のりのどこの KPI に問題があるのか、また、どこの KPI に注力していけば目標の達成ができるのかがはっきりします。

　このように、KPI を細かく設定して、企業・組織・チーム全体で PDCA をまわしていくことが大切です。

✖失敗7　KPI ツリーにイレギュラーな要素を盛り込んで複雑になる

　「テレアポをして商談につなげ、契約を獲得していく」プロセスで、「知人からの紹介で商談につながることがあるので、それを KPI ツリーに盛り込もう」「商談してから契約に至るまでに見積書を出すことがあるので、見積書を出す場合と出さない場合に分けて KPI ツリーをつくろう」といったように、「イレギュラーなケース」を KPI ツリーに盛り込んでしまうと、どんどん複雑化していきます。ビジネスにイレギュラーはつきものですが、次の点に注意しながら KPI ツリーをつくるのがお薦めです。

- イレギュラーをできるだけ除いた基本のプロセスにフォーカスして KPI ツリーをつくる。
- 現時点ではイレギュラーだけれども、今後は基本のプロセスとして再現性を高めていきたい場合は、KPI ツリーに盛り込んでおく。

✖失敗8　先行指標となるKPIまで分解できていない

　図13のKPIツリーを見てください。出来上がったKPIツリーは、右から左へと時間が流れています。つまり、右にいけばいくほど日々の「行動」で、左にいけばいくほど行動した「結果」になっています。この図でいえば、テレアポという行動をした結果、商談数という結果につながり、商談という行動をした結果、契約数という結果につながるという関係になります。KPIツリーを細かく分解していくことで、日々の行動におけるKPIがはっきりするので、「何をやるべきか」「どういった行動をするべきか」がわかりやすくなります。行動のKPIマネジメントを継続していくことで、左側にある結果のKPIもよくなっていくでしょう。

図13　行動と結果の関係

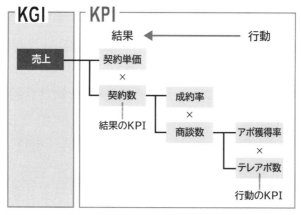

KPIツリーでは、右から左へと時間が流れている。

　違う見方をすると、KPI ツリーの右に行く、すなわち時の流れをさかのぼるほど結果に対して先んじて影響を与える要素である「**先行指標**」となります。出てしまった結果はコントロールできません。なので、コントロールすべきは時系列の早い先行指標です。たとえば、**図 13** のKPI ツリーでは、「テレアポ→商談→契約→売上につながる」という流れになっていますが、先行指標であるテレアポ数が減れば、商談数が減り、そのうち契約数も減って、売上も減っていく可能性が高くなります。先行指標をもとに結果を予測して、結果が出るまでに先手先手で行動することで、結果をコントロールすることが重要です。

　さらに見方を変えると、左に行けば行くほど経営サイドが見ているKPI で、右の方に行けば行くほど現場サイドが日々追っている KPI となります。経営サイドと現場サイドに溝があって、経営サイドの戦略を現場に落とし込めないということが起こらないように、経営サイドのKPI と現場サイドの KPI を紐づけることが大切です。KPI マネジメントをしている企業の多くが左側、つまり結果の KPI ばかりを追っているケースが多いです。

　KPI ツリーは、このようにできるだけ分解していきましょう。**図 13**の KPI ツリーは 3 階層ですが、いちど 10 階層くらいまで分解してみてください。

✖失敗 9　KPI ツリーをアップデートしていない

　KPI ツリーの設計に終わりはありません。ビジネスを取り巻く環境は目まぐるしく変わるので、PDCA をまわしていく過程では「この KPI

はもう不要だな」、逆に「この KPI を追加する必要があるな」と感じる
ことがあります。KPI ツリーが最新の状況にそったものになっていなけ
れば、運用しても効果が上がりません。また、「この KPI はもう不要な
はずなのになぜ追いかける必要があるのだろう」「この KPI を追加した
方がいいのになぜ追加しないのだろう」と疑念を持ちながら運用してい
くことにもなりかねません。

　では、どのようなタイミングで見直せばいいでしょうか？　見直すべ
き点が重要ならばすぐにアップデートする必要があるでしょうし、そう
でなかったとしても年に一度くらいはアップデートすべきでしょう。ま
たは、四半期ごとに重要な施策を見直している場合は四半期ごとでもよ
いかもしれません。

　最新の状況に合う KPI 設計を維持するために、KPI ツリーは適切な
タイミングでアップデートし続けましょう。

KPI 項目は多ければ多いほどいい？

　みなさんは毎年健康診断に行っていますか？　健康診断では、必ず血液検査をされますよね。血液検査を受けるとき、結果が 10 個の項目（血小板、赤血球、白血球など）で診断されているのと、100 個の項目で診断されているのと、どちらが安心できますか？　100 個の項目で診断されている方が、より細かく分析され、健康診断の効果も高まりそうですよね。しかし医師は、100 個の項目の検査結果が出てきたとしても一つ一つの項目の数値について詳しく見ることはありません。詳しく見るのは「よくない数値」と診断された項目だけです。つまり、健康を維持するためにはモニタリングする項目はたくさんある方がよく、しかしながら、その「すべての項目」に注目するのではなく、「異常値を示す項目」に注目することが、より効果的かつ効率的に改善していくことにつながるのです。

　KPI 式 PDCA も同じです。KPI ツリーでたくさんの KPI の項目を抽出した結果、たとえば 100 個出てきたとします。「そんなにたくさんの KPI を運用できない」という声が聞こえてきそうですが、先ほどの血液検査の項目と同様に、このすべてが重要なわけではありません。これらの項目について継続的に数値をモニタリングしていきますが、その中でも重要な KPI や異常値になっている KPI にフォーカスして、議論し、改善施策を考えて行動していくのです。ただし、たくさんの KPI を継続的にモニタリングする際に表計算ソフトを利用すると、フォーカスすべき KPI を見つけるのに手間がかかり抜け漏れも発生しやすいので、KPI マネジメントに最適化されたシステムを活用しましょう。

　重要な KPI や異常値になっている KPI をどのように見つけだすのかについては後述しますが、ここではいったん、できるだけ多くの KPI の項目を抽出してみてください。そこから項目数を減らすのはいつでもできます。

2　KPIツリーの事例集

2-1　見込客の獲得チャネル別の事例

　「売上」をKGIとしたKPIツリーの事例をいくつか見てみましょう。いずれも商品、サービスは単発の売り切り型の例です。

(1) 見込客の獲得チャネルが1つの例

　ここでは、見込客の獲得チャネルが単一のケースを考えます。

　45頁の図12②に示したKPIツリーは、テレアポから商談につなげて契約に至るケースでした。

　図14①のKPIツリーは飛び込み訪問から商談につなげて契約に至るケースです。

　さらに、②のKPIツリーはWebサイト経由の問い合わせを商談につなげて契約に至るケースです。

　②におけるWebサイトへのアクセスから商談までのプロセスをさらに細分化したKPIツリーが、③です。Webサイトを訪れた見込客からの問い合わせに対して架電をして、商談のアポをとっていく流れです。

図14　見込客の獲得チャネルが 1 つの例

① 飛び込み訪問から商談につなげて契約に至るケース

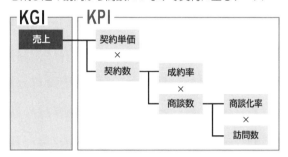

② Web サイト経由の問い合わせから商談につなげて契約に至るケース

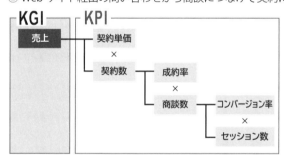

③ Web サイト経由の問い合わせから商談までのプロセス（②）をさらに細分化したケース

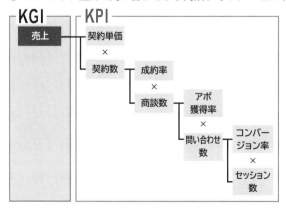

(2) 見込客の獲得チャネルが 2 つ以上の例

これまで見てきたのは、見込客の獲得チャネルがテレアポ、飛び込み訪問、あるいは Web サイトといったようにいずれか単一のケースでした。図 15 ①は見込客の獲得チャネルが、テレアポと Web サイトの 2 つある場合です。ただし、この KPI ツリーには欠点があります。商談数を、「テレアポから獲得した商談数」と「Web サイトから獲得した商談数」の 2 つに分解していますが、そうすると、それより上位階層の「成約率」「契約数」「契約単価」のすべてが、「テレアポから獲得したもの」と「Web サイトから獲得したもの」の合計値や平均値になってしまいます。そのため、もし成約率が下がった場合、テレアポからの見込客の成約率が下がったためか、または、Web サイトからの見込客の成約率が下がったためかがわかりません。

図15　見込客の獲得チャネルが 2 つ以上の例

① テレアポと Web サイトの 2 つあるケース

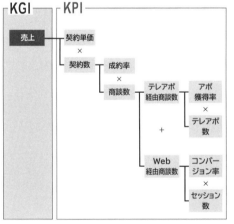

② 改善すべき箇所をわかりやすく分解したケース

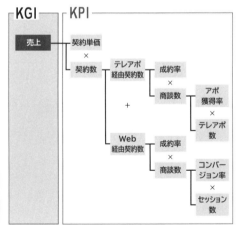

　そこでつくり変えたのが、②の KPI ツリーです。①の KPI ツリーとは違って、契約数を「テレアポから獲得した契約数」と「Web サイトから獲得した契約数」に分けた上で、それぞれで「成約率」と「商談数」に分解しています。こうすれば、テレアポからの成約率が下がっているのか、Web サイトからの成約率が下がっているのかが一目瞭然です。また、仮に契約数が減ったとしても、テレアポ経由で契約が減ったのか、Web サイト経由で契約が減ったのかがはっきりするので、改善を行うべき箇所がわかりやすくなります。

　このような KPI ツリーにすると、見込客の獲得チャネルごとの成約率や契約数の違いがわかり、具体的な改善策を立てやすくなります。

　ただし、注意点もあります。KPI を細かく設計することで改善を行いやすくなる一方で、必要なデータが増えるというデメリットもあるので注意しましょう。たとえば、②の KPI ツリーであれば、契約数も商談数も「テレアポから獲得したもの」と「Web サイトから獲得したもの」に分けてデータを取らなければなりません。つまり、KPI を細かく設計すればするほどデータを細かく分けて取る必要があるので運用工数がかかります。それでも KPI をチャネルごとに分けるべきか、注意しながら KPI ツリーをつくっていく必要があります。

2-2 カテゴリー別に分ける事例

次は、カテゴリー別に KPI ツリーの例をいくつか見てみましょう。

(1)「売上」を大企業向けと中小企業向けに分ける例

大企業向けと中小企業向けでマーケティングやセールスのプロセスが異なる場合は、**図 16 ①**のように KPI ツリーを分岐させます。上側の大企業向けの売上は Web サイトへの問い合わせを商談につなげて契約に至るプロセス、下側の中小企業向けの売上はテレアポから商談につなげて契約に至るプロセスを想定しています。

このように大企業向けと中小企業向けというような売上の「カテゴリー別」に KGI に至るプロセスが異なる場合は、カテゴリー別に KPI ツリーを分岐させてつくりましょう。以降では、その他のカテゴリー別に分ける例を見てみましょう。

図 16 ①　「売上」を大企業向けと中小企業向けに分ける例

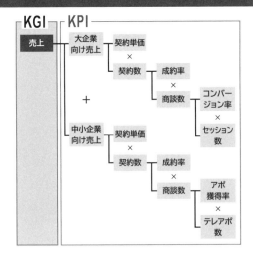

⑵「売上」を商品・サービスごとに分ける例

　商品・サービスごとにマーケティングやセールスのプロセスが異なる場合、**図 16 ②**のように分岐させることもあります。商材 A は Web サイトへの問い合わせを商談につなげて契約に至るプロセス、商材 B は既存顧客への提案から商談につなげて契約に至るプロセスを想定しています。

　注意点としては、商品・サービスごとに分けて KPI ツリーをつくると、商品・サービスが増えたり減ったりする都度、KPI ツリーを変える必要があるので煩雑になります。

図 16 ②　「売上」を商品・サービスごとに分ける例

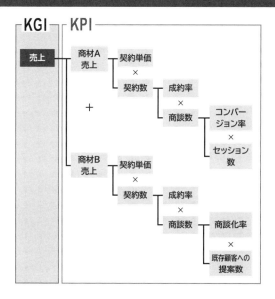

⑶「売上」を新規売上とアップセル売上・クロスセル売上に分ける例

　図16③は、既存顧客へのアップセルやクロスセルがある場合の例です。新規の売上と、アップセルやクロスセルの売上、またはダウンセルの売上がある場合は、このように分けることができます。既存顧客へ電話やメールなどでアプローチして提案し、商談をしてアップセル・クロスセルの契約に至るプロセスを想定しています。

図16③　既存顧客へのアップセルやクロスセルがある例

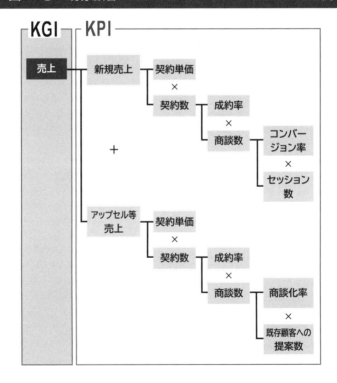

⑷「契約数」を新規契約とリピート契約に分ける例

　図 16 ④は、スポットの商材をリピートして買っていただくようなモ
デルで、既存顧客のリピートによる契約がある場合の例です。既存顧客
へ電話やメールなどでアプローチし、商談をして再購入を提案し、契約
に至るプロセスを想定しています（新規契約の商談数より先の分解はこれま
でと同様なので省略しています）。

図 16 ④　既存顧客のリピートによる契約がある例

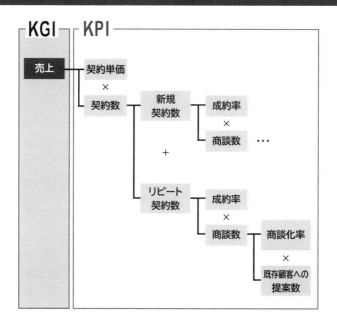

図16⑤は、同じリピートでもサブスクリプションモデルのケースです。いままでになかった「継続率」というKPIが登場しました。これは「解約率」の裏返しでもあります。前月末時点の既存の契約数のうち、当月も継続した割合である継続率を乗じたら、当月末時点においても継続している契約数になるという内容です（ここでも商談数より先の分解はこれまでと同様なので省略しています）。

図16⑤　サブスクリプション契約の例

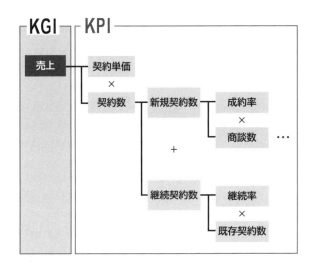

2-3　業界別の事例

次は業界別に KPI ツリーの例をいくつか見てみましょう。

(1) システム受託開発業の KPI ツリーの例 (図 17)

見込客の獲得チャネルが、代理店、展示会、Web サイトの 3 つがあり、見込客の獲得から商談につなげて新規の契約に至り、その後、既存の顧客に対して、クロスセルの提案をし、商談につなげて契約に至るというプロセスを想定しています。この KPI ツリーのポイントとしては次の

図 17　システム受託開発業の KPI ツリーの例

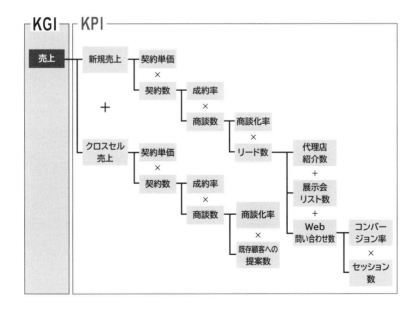

とおりです。

- 新規売上とクロスセル売上は、プロセスも契約単価も異なるので分けている。
- 保守売上のような継続売上がある場合は、さらに追加が必要。
- 見込客の獲得チャネルを、代理店、展示会、Web サイトの3つを想定しているが、他にもあれば追加する必要がある。
- 見込客の獲得チャネルごとに、商談化率や成約率が大きく異なる場合（または、チャネルごとの商談化率や成約率を区別して把握したい場合）は、それぞれがわかるように KPI ツリーをつくる必要がある。

(2) 飲食業の KPI ツリーの例（図 18）

お客様が新規客とリピート客に分かれていて、さらに、新規客は、グルメサイトの Web サイトから予約して来店する新規客と、予約なしで来店する新規客がいるという想定です。この KPI ツリーのポイントとしては次のとおりです。

- 新規客とリピート客はどちらも同じような客単価なので、客単価を新規客とリピート客に分けていない。
- 予約客の流入経路が他にもあれば、それらを追加する必要がある。
- 来店客を新規客とリピート客に判別することが難しい場合も多いが、リピート客数が積み上がってリピート率が高くなることが重要なビジネスモデルの場合は両者を判別できるようにしたほうがよい。
- ランチやディナーといった時間帯別に分けることもできる。

図 18　飲食業の KPI ツリーの例

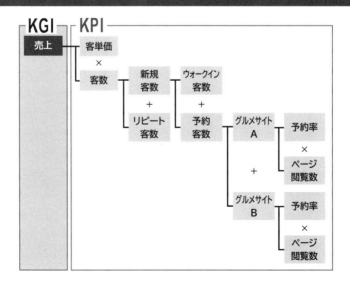

（3）人材紹介業の KPI ツリーの例（図19）

　Webサイトとスカウトという2つのチャネルから求職者のエントリー を獲得し、エントリーした求職者と面談して（KPI ツリー上では省略）、候 補者を獲得し、求人企業に推薦して、1次面接、最終面接、採用決定に 至るというプロセスを想定しています。この KPI ツリーのポイントと しては次のとおりです。

- 採用決定後の辞退人数が多く、それが重要な KPI となる場合は、KPI ツリーに入れる必要がある。

図19　人材紹介業の KPI ツリーの例

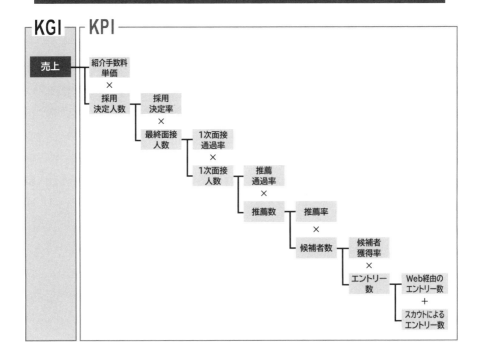

- エントリーを Web サイトとスカウトで獲得することを想定している
  が、他にもチャネルがある場合は追加する必要がある。
- Web サイトからのエントリー数を、Web サイトに訪問したユニークユー
  ザー数とエントリー率にさらに分けることもできるし、スカウトによる
  エントリー数を、スカウト数とエントリー率にさらに分けることもでき
  る。
- 推薦先の求人企業と、その登録求人数を増やすプロセスも KPI ツリー
  にするとよい。

　このように、業界・業種によって KPI ツリーは異なり、同じ業界・
業種であってもビジネスモデルによって KPI ツリーは異なってきます。
ぜひ参考にしてください。

《補足》費用の KPI ツリーをつくる

　これまで、事業全体の「売上」を KGI とするケースを見てきましたが、さらに、事業全体の「利益」を KGI とするケースを考えてみましょう。まず、「利益」を分解すると**図 20** ①のような KPI ツリーになるので、売上と費用のそれぞれについて KPI ツリーをつくることになります。

　そこで、これまでは「売上」の KPI ツリーでしたが、次は「費用」の KPI ツリーをつくってみましょう。売上の KPI ツリーをつくるだけでもいいですが、費用の KPI ツリーもつくると、ビジネスの全体像と重要な KPI がよりはっきり見えてきます。

　まずは、機能別に分解していきます。たとえば、②の KPI ツリーのようにセールスの費用とマーケティングの費用に分解してみました。

　次に、③のように、それらの機能ごとの主な費用に分解していきます。

　セールスで主に発生する費用として、外注費と人件費に分解しました。人件費については、さらに社員数と（平均）給与単価に分解しています。

　また、マーケティングで主に発生する費用として、人件費と広告費に分解しました。人件費についてはセールスと同じように分解できるのでここでは省略していますが、一方の広告費を Web 広告ページのクリック数と広告単価に分解しています。

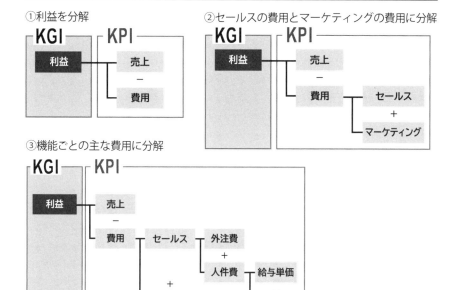

図 20　利益を KGI とする KPI ツリー

①利益を分解

②セールスの費用とマーケティングの費用に分解

③機能ごとの主な費用に分解

　②では KPI ツリーの 1 階層目をセールスとマーケティングという機能別に分解しましたが、勘定科目別に分解することもできます。たとえば、セールスの人件費とマーケティングの人件費、さらに、マーケティングの広告費の 3 つが主な費用としてある場合、機能別と勘定科目別とで**図 21** のような違いになります。

図21　機能別に分ける / 勘定科目別に分ける

パターン1　機能別に分ける方法

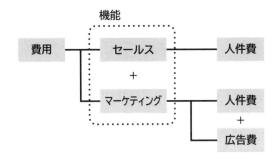

パターン2　勘定科目別に分ける方法

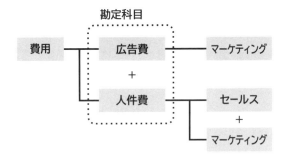

　勘定科目別に分けるパターン2は会計に馴染みのない人にとっては
とっつきづらく、機能別（セールスやマーケティング）のトータルコストが
わかりづらくなります。パターン1の機能別に分ける方が、どのような
機能にどれくらいコストがかかっているのか、誰にとってもわかりやす
く共通認識も持ちやすくなるのでお薦めです。

　なお、費用の分解をするときには、次の 3 つのポイントに注意しながら KPI ツリーをつくっていきます。

ポイント 1　主な費用に絞る

すべての費用を分解するのではなく、主な費用に絞って分解します。

- **事業に直接的に関係のない間接的な費用**（例：役員報酬）
- **影響度（たとえば金額）が小さい費用**（例：雑費や旅費交通費）
- **コントロールが不可能な費用**（例：地代家賃）

　すべての費用を分解することもできますが、いったんこのような費用を外して考えることによって、売上に直接関係する重要な費用が何なのかがわかりやすくなるので、関係者全員でマネジメントしやすくなります。

ポイント 2　売上の KPI ツリーとの関連を確認する

　たとえば、**図 22** のような売上と費用の KPI ツリーがあるとします。マーケティングの主な費用が Web 広告費となっていますが、その分解で出てくる「Web クリック数」は、売上の KPI ツリーの「Web クリック数」の増減に連動します。つまり、Web クリック数が増えれば、それに伴って商談数や契約数、最終的には売上が増える可能性が高まりますが、同時に、それに伴って広告単価を乗じた分だけ広告費が増えます。

　事業全体の KPI ツリーを見ながら、売上に至るまでのプロセスとそれを構成する売上の KPI に対して、それぞれどのような費用が紐づき

発生するのか、それらが漏れなく費用の KPI ツリーの要素として抽出されているのかを確認します。**図 22** の例でいえば、「売上の KPI ツリーに出てくる Web クリック数が増えれば増えるほど広告費が増えていくはずだ」となれば、「費用の KPI ツリーのどこかに広告費が登場していないといけない」という具合です。

このように紐づけていくことで、「Web クリック数が増えれば、売上がどれくらい増える可能性があって、それに紐づいて費用がどれくらい増えそうか」など、売上の KPI と費用の KPI の関連がわかりやすくなります。

ポイント 3 費用も含めた生産性や効率性を可視化する

セールス等の人件費についても、売上の KPI と連動させることがで

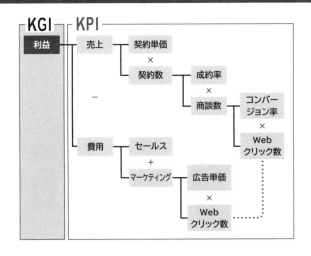

図 22 売上と費用の KPI 同士のつながり

きます。**図 23** を見てください。

　セールスの人件費はまず「給与単価」と「社員数」へと分解し、その「社員数」を「商談数」と紐づけることで、「1 人あたり商談数（＝商談数 ÷ 社員数）」という、生産性をはかる指標を可視化できます。

　たとえば、「社員数 10 人で商談数 100 社をこなしているが、売上を増やすために商談数を 150 社に増やそう」とする場合を考えてみます。1 人あたりの商談数は 10 社（＝商談数 100 社 ÷ 社員数 10 人）なので、売上を伸ばすにあたって商談数を 150 社まで増やそうとした場合、商談数の生産性が 1 人あたり 10 社のままだとすると、商談数 150 社をこなすためには社員は 15 人（＝商談数 150 社 ÷ 1 人あたり商談数 10 社）必要という見立てになります。そうすると、新たに 5 人を採用する必要があると目安ができ、それにより増加する費用（たとえば、人件費や採用費）も予測し

図 23　生産性や効率性を KPI で可視化

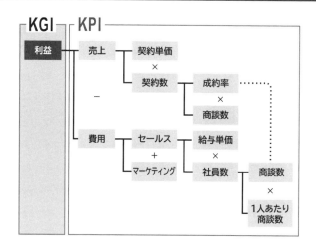

やすくなります。または、「1人あたりの商談数」という生産性を20%改善して「1人あたり商談数」を12社にできたとすると、社員は13人（≒商談数150社 ÷ 1人あたり商談数12社）必要という見立てになるので、3人の採用で足りるかもしれません。

　また、**図23**のKPIツリーで、セールスチームの「社員数」を「契約数」と紐づければ、「1人あたり契約数」という、成果をはかる指標を可視化できます。このように売上のKPIと費用のKPIを紐づけることで、いろいろな生産性を可視化できるようになります。

　さらに、**図23**の「費用」はセールスとマーケティングのコストの合計になっています。この費用を売上のKPIツリーの契約数で割ると、「顧客獲得単価（新規契約を1社獲得するためにかかった費用）」が計算できます。

　このように売上のKPIツリーと費用のKPIツリーを結びつけていくことで、費用を踏まえた生産性や効率性が可視化できるようになります。

　以上が費用をKPIに分解していく方法です。売上のみならず、費用をKPIツリーで分解していくことで、コストパフォーマンスを考慮しながら、利益を出すための道筋がわかりやすくなるので、利益目標を達成するロジカルな仕組みができるでしょう。

第 **3** 章

KPI を運用する

第 2 章では、KPI 式 PDCA を実践するための前提となる KPI の
設計について説明しました。

本章では、その設計に基づいた KPI の運用について、PDCA の
フレームワークにそって説明します。

1 KPI 式 PDCA の「Plan」段階

　売上や利益を KGI とする場合、具体的な予算をつくるときに耳にするのは「売上・利益を前年比 130% で伸ばす」という PL ベースの目標です。これだけでは、テレアポの担当者が見ても、その計画を達成するために毎日何社へのテレアポをしたらいいのか具体的にわかりません。PL ベースの目標設定の場合、現場は自分自身の具体的な活動目標とのつながりを理解しにくく、計画に納得しづらかったり、実際の行動につながらなかったり、行動量が不足したりします。

　また、テレアポの担当者が、上長から「毎日 50 社のテレアポをするように」と言われても、テレアポの業務が事業全体の売上に貢献していることを漠然としか理解できておらず、全体にどれくらい貢献できているのか、なぜ 50 社なのかもわからない場合は、その指示の重要性を理解しにくいでしょう。

　つまり、KGI の目標を達成するためには、現場の社員が KPI の必要性や重要性を理解し、日々自分たちが取り組んでいることが、KGI や KPI とどうつながるかを意識できることが大切です。そのためにも、事業計画や予算などの組織の業績目標数値と、現場における KPI の目標数値をわかりやすく紐づける必要があります。

1-1　KGI 目標からの逆算で KPI 目標を立てる

年単位や月単位での KGI の目標を達成するためには、KPI ツリーで抽出した各 KPI が、それぞれどれくらいの「数値」に達するべきなのかを逆算で導き出すことが必要です。以下では、そのためのステップを述べます。

なお、これ以降も、事業全体の「売上」を KGI とした場合で考えます。

ステップ 1　KGI の数値目標を決める

まずは、KGI である事業全体の「売上」の数値目標を決めます。ここでは 12,000 千円とします。

ステップ 2　KPI の数値目標を決める

次頁の図 A を見てください。KPI ツリーを四則演算でつくることによって、こういったシミュレーションが可能になります。つまり、1 つの数値が変わるとその他の数値がどのように連動するかがわかりやすくなります。

このとき、「各 KPI の目標値が実現可能性の低いものになっていないか」「各 KPI の目標値が直近数か月の実績推移と比べて無理な目標値になっていないか」「その目標値を達成するための施策は具体的にあるか」といった点に注意しましょう。施策を考えた上での数値目標になっていなければ、単なる「数字遊び」、絵に描いた餅になりかねません。

図 A　KPI の数値目標

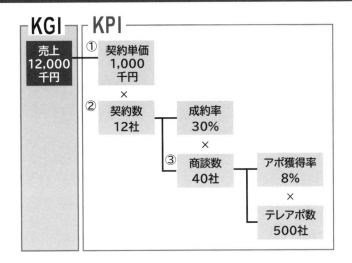

KGI である売上の数値目標を 12,000 千円と決めました。

① 契約単価が 1,000 千円の商品・サービスを販売しているとすると、契約数は 12 社（＝売上 12,000 千円 ÷ 契約単価 1,000 千円）必要です。

② 契約数を 12 社にするためには、成約率の目標を 30% とすると、商談数は 40 社（＝契約数 12 社 ÷ 成約率 30%）必要です。

③ 商談数を 40 社にするためには、アポ獲得率の目標を 8% とすると、テレアポ数は 500 社（＝商談数 40 社 ÷ アポ獲得率 8%）必要です。

このように、KGI の目標値と KPI ごとの目標値を紐づけていきます。

このように計画を立てていくことで、次のようなメリットがあります。

- 事業の全体像が KPI ツリーでわかりやすくなる。
- KPI ツリーにもとづく事業の全体戦略が計画を通してはっきりする。
- 計画を達成するために自分の属するチームがどういった KPI をどれくらい達成する必要があるのかや、その重要性がわかりやすくなる。たとえば、事業全体の計画を達成するために、テレアポチームが毎月何社のテレアポをして何％のアポ獲得率を目指せばよいかが明らかになる。
- 隣のチームのやるべきことや状況がわかるので連携しやすくなる。たとえば、セールスチームがどういった KPI をどれくらいの目標値で達成しようとしているのか、テレアポチームからもわかりやすいので、両チームが双方の状況を理解し合いながら共通の目標である KGI 達成に向けて協力しやすくなる。

　社員が追いかけている KPI がいくらになれば、経営者が追いかけている事業全体の売上や利益がいくら増えるのかがシミュレーションできるので、経営者が見ている KPI と現場が日々追いかけている KPI とがつながります。そうすれば、事業全体の中で現場で取り組んでいることの意義や重要性の理解が容易になり、会社全体で目標や重要な施策を共有できて、全員でそこに向かっていきやすくなります。

1-2 KPI目標の積み上げでKGIをシミュレーションする

1-1ではKGIの目標値からの逆算で、各KPIの目標値を決めていきました。次は、KPIの目標値を先に決めて、そこからKGIの数値をシミュレーションしていく方法を説明します。具体的なステップは次のとおりです。

ステップ1 現状把握をする

まず、KPIごとの過去データを集めることからスタートします。直近1年分のデータを集めることが理想的ですが、すべてのKPIについてそのデータがない場合は、直近の数か月分だけにするなど手に入りやすいデータでもかまいません。季節変動がある事業の場合は、その状況がわかるように、過去半年から1年程度のデータを集めることをお薦めします。そして、それぞれのKPIについて、過去から現在にかけての状況がどうなっているのかをまず把握します。

仮に、過去3か月間の実績値とその平均値をまとめたところ、**表2**の結果だったとします。これを見るとテレアポ数は伸び悩んでいて、アポ獲得率も下がる傾向にあります。その結果、商談数は減っていますが、成約率は上がる傾向にあるため、契約数は横ばいとなっています。

表 3
KPI の数値目標

表 2　現状把握をする

		1 月	2 月	3 月	3 か月平均
売上	千円	8,000	10,000	9,000	9,000
└─契約単価	千円	1,000	1,000	1,000	1,000
└─契約数	社	8	10	9	9
└─成約率	%	20	25	30	25
└─商談数	社	40	40	30	37
└─アポ獲得率	%	10	8	6	8
└─テレアポ数	社	400	500	500	467

ステップ 2 の目標	
G	9,000
F	1,000
E	9
D	25
C	36
B	6
A	600

表 2 では、KPI ツリーをイメージしやすいように点線で階層構造を表現していますが、以降の表では省略します。

ステップ 2　KPI の数値目標を決める

それぞれの KPI の現状を把握したら、次はそれぞれの KPI にどのような数値目標を設定すべきかを考えていきます。ここでは、**表 3** のような数値目標が導き出されたとします。

A…テレアポ数は 600 社くらいなら今のキャパシティでも実現できそうだ。

B…アポ獲得率は下がっているものの 6% くらいで下げ止まるはずだ。

C…そうすると商談数は 36 社（= テレアポ数 600 社 × アポ率 6%）になる。

D…成約率は上がっていってはいるものの、これ以上は難しそうなのでいったん直近の平均 25% にしてみよう。

E…そうすると契約数は 9 社（= 商談数 36 社 × 成約率 25%）になる。

F,G…契約単価はこれまで通り 1,000 千円だとすると売上は 9,000 千円（= 契約数 9 社 × 契約単価 1,000 千円）になりそうだ。

さて、このようにシミュレーションした結果の売上 9,000 千円は、当

初の KGI の目標値をクリアしていますか？ KGI の目標値をクリアしている場合は、KPI ごとの目標値に無理がないかをチェックしましょう。そうすることで、現実的な計画になります。一方、KGI の目標値をクリアしなかった場合は、次のステップに進みます。

ステップ3　KPI の数値目標を見直す

ステップ2でのシミュレーションでは売上は 9,000 千円になりましたが、実際の売上目標は 12,000 千円だとします。そこで、売上が 12,000 千円になるように KPI の数値目標を見直しましょう（**表4**）。

表4　KPI の数値目標の見直し

		1月	2月	3月	3か月平均	ステップ2の目標	ステップ3の目標	
売上	千円	8,000	10,000	9,000	9,000	9,000	G	12,000
契約単価	千円	1,000	1,000	1,000	1,000	1,000	F	1,000
契約数	社	8	10	9	9	9	E	12
成約率	%	20	25	30	25	25	D	30
商談数	社	40	40	30	37	36	C	40
アポ獲得率	%	10	8	6	8	6	B	8
テレアポ数	社	400	500	500	467	600	A	500

A…テレアポ数は今のキャパシティだと 600 社まで増やせるものの、テレアポのクオリティが下がってアポ獲得率が悪くなるといけないので 500 社が適正水準だ。

B…その代わり、テレアポのトークスクリプトを改良して最低 8% のアポ獲得率をキープできるようにしよう。

C…そうすると商談数は40社（＝テレアポ数500社 × アポ獲得率8%）に
　なりそうだ。

D…成約率が直近で上がってきている要因は○○なので、××という施策
　を進めることで30%を目指そう。

E…そうすると契約数は12社（＝商談数40社 × 成約率30%）になる。

F,G…契約単価については料金改定をせず、これまで通り1,000千円だと
　すると売上は12,000千円（＝契約数12社 × 契約単価1,000千円）にな
　りそうだ。

　見直すことで、KGIの目標値を達成できるシミュレーション結果に
なりました。このように、ステップ2でKGIの目標値に足りなければ、
「どのKPIの数値目標を高めるべきか」「どの程度高めていけばいいの
か」というように、最終的なKGI目標値を達成するためのKPIごとの
数値目標を検討します。ただの数字遊びにならないように、「どのよう
にKPIの数値目標を高めていくのか」という施策とともに、1つひとつ
の数値に意図を込めてつくっていきましょう。

　ただし、KPIの目標値設定では**トレード・オフ**の関係に注意する必要
があります。トレード・オフとは、**表3**の例でいえば、「テレアポ数を
今のキャパシティいっぱいまで増やすと、テレアポのクオリティが下
がってアポ獲得率が下がる可能性がある」といった関係です。このよう
なトレード・オフの関係が各所に生じる可能性に注意して、KPIの数値
目標を検討しましょう。

1-3 個人ごとの計画にまで落とし込む

次に、KPIごとの責任者を決めましょう。たとえば、「テレアポ数」「アポ獲得率」「商談数」は、テレアポチームの責任者である佐藤さんで、「成約率」「契約数」「契約単価」は、セールスチームの責任者である田中さんという具合です。

責任者を決めたら、チームメンバーの個人単位での計画を立てましょう。たとえば、テレアポチームについて、**表5**のように個人単位の計画に落とし込んでいきます。その際、個人単位の計画数値の合計は、チーム全体の目標値になるようにする必要があります。

表5　テレアポチームの個人単位の計画

		チーム合計	鈴木	伊藤	木村
商談数	社	40	18	16	6
アポ獲得率	%	8	9	8	6
テレアポ数	社	500	200	200	100

ただし、マーケティングチームのKPIが、「(Webサイトの)セッション数」や「コンバージョン率」であるなど、個人単位の計画まで落とし込みにくい場合は、無理に個人単位で計画を立てる必要もないでしょう。

　このようにチームメンバーの個人単位で計画を立てていくことで、次のようなメリットがあります。結果として、メンバーの納得感を得られ、メンバーごとの目標ややるべきことがはっきりします。

- チームの KPI 目標値を達成するために、チームメンバーの一人ひとりがどういった KPI をどれくらい達成する必要があるのかがはっきりする。たとえば、チーム全体の計画を達成するために、鈴木さんが毎月何社のテレアポをして何％のアポ獲得率を目指せばよいかがわかりやすくなる。
- チーム内の他のメンバーのやるべきことや状況もわかるので連携しやすくなる。たとえば、鈴木さんにとって、伊藤さんや木村さんの KPI ごとの目標値がわかるため、メンバー共通の目標であるチーム全体の KPI 目標達成に向けて協力しやすくなる。

　ただし、個人単位の計画まで落とし込むと、メンバーへのプレッシャーになるという点に注意してください。個人単位の計画を設定することで、目標達成できないことへのプレッシャーをメンバーへ与えてしまうことはよくあります。計画を達成できなかったときに減給や降格がないとしても、少なからずプレッシャーを感じる人は多いはずです。その点に注意しながらマネジメントをしましょう。

1-4 複数のシナリオで計画を立てる

KPI ツリーをベースにして計画をつくったあとは、複数パターンの計画をつくってみましょう。たとえば、**表4**でつくった標準シナリオをベースに、弱気シナリオや強気シナリオをつくると**表6**のようになります。

表6 複数のシナリオをつくる

		標準シナリオ	弱気シナリオ		強気シナリオ	
売上	千円	12,000	G	10,000	G'	15,000
契約単価	千円	1,000	F	1,000	F'	1,000
契約数	社	12	E	10	E'	15
成約率	%	30	D	25	D'	32
商談数	社	40	C	40	C'	48
アポ獲得率	%	8	B	8	B'	8
テレアポ数	社	500	A	500	A'	600

まず、弱気シナリオ。

A,B…テレアポ数とアポ獲得率は標準シナリオと同じにしよう。

C…そうすると商談数は標準シナリオと同じで40社（＝テレアポ数500社
　　×アポ獲得率8%）になる。

D…ただ、成約率が直近では上がってきているものの、保守的に、直近3
　　か月の平均値である25%にしておこう。

E…そうすると契約数は 10 社（ = 商談数 40 社 × 成約率 25%）になる。

F,G…契約単価については料金改定はせずに、これまで通り 1,000 千円だと
　　すると売上は 10,000 千円（ = 契約数 10 社 × 契約単価 1,000 千円）になり
　　そうだ。

次に、強気シナリオ。

A'…テレアポ数は今のキャパシティだと 600 社まで増やせる。

B'…しかし、テレアポのクオリティが下がってアポ獲得率が下がらないよ
　　うに、テレアポのトークスクリプトを改良して、キャパシティいっぱい
　　でも最低 8% のアポ獲得率をキープできるようにしよう。

C'…そうすると商談数は 48 社（ = テレアポ数 600 社 × アポ獲得率 8%）に
　　なりそうだ。

D'…直近の成約率が上がってきている要因は○○なので、××という施策
　　に加えて△△という施策を進めることで 32% を目指そう。

E'…そうすると契約数は 15 社（ = 商談数 48 社 × 成約率 32%）になる。

F',G'…契約単価については料金改定はせずに、これまで通り 1,000 千円だ
　　とすると売上は 15,000 千円（ = 契約数 15 社 × 契約単価 1,000 千円）にな
　　りそうだ。

　いずれにしても、「数字遊び」にならないように、1 つひとつの数値
に対して「どのようにしてその数値を達成するのか」という施策を考え
ていきましょう。

その他、次のようなシナリオの計画をつくってもいいでしょう。複数のシナリオごとに計画をシミュレーションすることで、それぞれの計画の精度が高まっていくはずです。

　　外部公表用シナリオと内部目標用シナリオ

　　VC（ベンチャーキャピタル）向けや銀行向けのファイナンス用シナリオ

　　上場準備用シナリオ

　　事業撤退基準となるシナリオ

事業計画と予算管理の精度を高める

　表 7 をみてください。太枠の部分がある事業計画とない事業計画であれば、前者の方が、社内の人にとっても社外の人にとってもわかりやすく、説得力も高いでしょう。さらに、費用の KPI も加えてつくれば説得力がさらに高まるでしょう。つまり、第 2 章の KPI ツリーの作成段階で、できるだけ KPI ツリーを分解し、それにもとづいて第 3 章 1 節（74 頁〜）のように Plan をつくると事業計画の精度は高まります。

　また、このような中長期の事業計画を達成していくためには、単年度の予算管理の精度を高めることが必須です。

　予算管理の精度を高めるためには、「①予算作成の精度を高める」ことと、「②予算運用の精度を高める」ことが必要です。

　まず①の予算作成の精度を高めるポイントは先ほどの事業計画と同じですが、②の予算運用の精度を高めるポイントは、次頁以降で、KPI 式 PDCA の「Do」段階、「Check」段階、「Action」段階の順に説明していきます。

表 7　精度の高い事業計画

		20x2 年度	20x3 年度	20x4 年度	・・・
売上	千円	2,000	2,400	3,300	・・・
契約単価	千円	100	120	110	・・・
契約数	社	20	20	30	・・・
成約率	％	20	15	23	・・・
商談数	社	100	130	130	・・・
アポ獲得率	％	10	11	9	・・・
テレアポ数	社	1,000	1,200	1,400	・・・

2 KPI式PDCAの「Do」段階

　前節のKPI式PDCAの「Plan」段階で、年単位や月単位での計画を立てました。しかしそれだけでは、週単位や日単位での行動に結びつかないかもしれません。計画は、実際に行動して初めて意味があります。計画を立てることに時間をかけ過ぎて、計画を立て終わったら安心してしまい、実際の行動が伴わなければ「とらぬ狸の皮算用」になってしまいます。

　年単位や月単位のKGIの目標を達成するためには、それらを週単位や日単位の計画に落とし込み、日々のやるべき行動と結びつけ、その進捗管理をしやすくする必要があります。この節では、KPI式PDCAの「Do」の組み立て方を見ていきます。

2-1 着実に実行するための３ステップ

　たとえばPLの場合は、7月の結果が出るのは8月に入ってからです。つまり、どれだけ早く月次決算を締めても、7月はもう終わっているので結果論になります。そうすると、7月の目標達成に向けた、7月の月中の進捗管理には使えません。

　一方、多くのKPIは日次または週次で数値が出せるので、7月の結果が出る前に、7月の目標達成に向けた日々のマネジメントにも使えます。

たとえば、次のように使えます。

- 7 月 15 日時点のテレアポ数は 1 日からの累計で 40 社だ。
- 7 月の月間目標が 100 社なので進捗が遅れている。
- 残り 15 日間で 60 社のテレアポをする必要がある。
- 1 日平均 4 社なのでそれを達成するために○○しよう。

　KPI を用いると、毎月の目標達成に向けて進捗をこのように管理できるメリットがあります。そこで、次の順に進めてみましょう。

ステップ 1　KPI ごとに週次や日次の目標値を決める

　まず、KPI ごとの月次計画を達成するための、毎週の週次計画を KPI ごとに立てていきましょう。

　たとえば、**図 A**（**76 頁**）のように、テレアポ数の月間目標が 500 社だったとして、第 1 週の目標は 125 社、第 2 週の目標も 125 社、第 3 週の目標も 125 社、第 4 週の目標も 125 社、というように、週次での目標を立てるイメージです（A）。これは、月間目標を 4 週間で単純に均等割り

A 目標を均等割りにする場合

第1週 125社	第2週 125社	第3週 125社	第4週 125社

月間目標500社

B 月初にスパートをかける場合

第1週 150社	第2週 125社	第3週 125社	第4週 100社

月間目標500社

した場合です。

　またはBのように、第1週の目標は150社、第2週の目標は125社、第3週の目標も125社、第4週の目標は100社とすることも考えられます。「月末は忙しくなるので、月初にできるだけ進めていこう」と、早めに労力をかけていく目標にすることもできるでしょう。

　つまり、「どのようなペースでやるか」が重要です。月末にかけて目標値を上げていく方が適切かもしれませんし、休日などの週ごとの状況に応じて目標値を週単位で変えていくのが適切かもしれません。そこまで厳密に運用する必要がなければ、Aのように均等割りでいいでしょう。

KPIの量と質

　KPIは「量」と「質」に分けることができます。「量」は「○○数」というKPIで行動や結果の「量」を表し、「質」は「○○率」「○○単価」というKPIで行動や結果の「質」を表します。下図のKPIツリーでは、「契約数」「商談数」「テレアポ数」が「量」のKPIで、「契約単価」「成約率」「アポ獲得率」が「質」のKPIとなります。

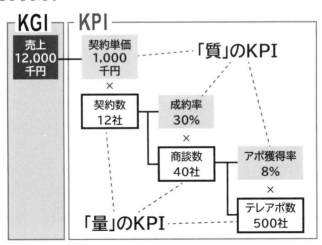

　「量」の KPI は先ほどのように週次の目標値を設定しますが、「質」の KPI は少し異なります。図中のアポ獲得率の計画値は、月次計画では 8% となっていますが、週次の目標値を設定する上で、テレアポ数と同様に均等割りして、第 1 週の目標を 2%、第 2 週の目標も 2%、第 3 週の目標も 2%、第 4 週の目標も 2%、としてしまってはおかしくなります。たとえば、テレアポ数の目標を先ほどのように毎週 125 社として、それに対してアポ獲得率の目標を毎週 2% としてしまうと、毎週の商談数は 2.5 社（＝テレアポ数 125 社 × アポ獲得率 2%）になり、4 週間の合計の商談数は 10 社(＝毎週の商談数 2.5 社 × 4 週間)となってしまうので、図の商談数の目標値 40 社と一致しません。あくまで週次のアポ獲得率の目標値は 8% になるはずです。つまり、第 1 週の目標は 8%、第 2 週の目標も 8%、第 3 週の目標も 8%、第 4 週の目標も 8%、という具合です。

　厳密には、週ごとに効率は変わってくるのかもしれませんし、先ほどの例のように早めに労力をかけていくような目標にしてもいいかもしれません。ただ、基本的には、毎週の週次目標は 8% でいいと思います。

　以上のように、「量」の KPI と「質」の KPI の違いに注意しながら、日次の目標までぜひブレイクダウンしてみてください。また、チーム全体の目標設定だけでなく、個人単位の目標設定もしましょう。

ステップ2　週次や日次の KPI 目標値を達成するための施策を考える

これ以降は、次の前提で進めます。

- 「量」の KPI は週次（または日次）で均等割りしたものを週次（または日次）目標とする。
- 「質」の KPI は月次計画値をそのまま週次（または日次）目標とする。

KPI ごとに週次（または日次）で目標が決まったら、次はその達成のためにどういった施策を実行するかを決めましょう。たとえば、「テレアポ数の毎週の目標値 125 社を達成するためにはどうしたらいいか」「アポ獲得率の毎週の目標値 8% を達成するにはどうしたらいいか」と考えます。

関係者で知恵を出し合って、思いつく施策を付箋などに書いて、壁などに張り付けていく方法もいいでしょう。

ステップ3　施策の優先順位をつけて実行する

施策をリストアップするとかなりの数になると思います。すべてをこなすことが理想ですが、日々の仕事の中でやるべきことは増えていき、タスクを多く抱え込んでしまって、集中すべきことが曖昧になりがちです。成果を出すために重要なのは、「やらないこと」を決めて、「やること」の優先順位をつけることです。

次の4つの視点を参考にしながら優先すべき施策を決めて着実に実行しましょう。

インパクトの大きさ ・・・KPI ごとの目標値達成に対して効果が大きいかどうか。

コストパフォーマンスの良さ ・・・ 施策を実行すれば、それに伴ってコストが増えるかどうか。どれくらいコストが増えて利益への影響はどれくらいになりそうか。

実行しやすさ ・・・ そもそも現実的に実行できる施策かどうか。また、実行のしやすさはどうか。

必要な時間 ・・・ すぐに実行できる施策かどうか。実行するまでに準備の時間を要したり、実行段階においても工数等の時間を要したりするかどうか。また、どれくらいの時間を要するものなのか。

　KPI ツリーをつくって、月次、週次、日次の計画を立てることで目標が明確になりますが、KPI ばかりを意識しないように注意が必要です。たとえば、セールスチームで「契約数」の目標を追いかけるばかりに、押し売りしてしまったり、本来売り込むべき相手でなくても無理に契約を追ったりというように、目標達成するために、商品・サービスやお客様の存在を忘れて盲目的な行動をしないことが大切です。常に目標を意識することは大切ですが、過剰に意識したり、本質を見失ったりしないようにしましょう。

2-2 KPIの優先度を決める8つのポイント

　運用するKPIが少なすぎるとKPI式PDCAの効果が上がりにくいですが、逆に、たくさんのKPIを運用するのは大変です。運用するKPIの数が増えれば増えるほど、その数だけKPIのデータを取らないといけないのでデータ集約に時間と手間がかかります。もともと社内に存在するデータならそれらを集めるだけでいいのですが、そうでない場合は、そのデータ取得のために業務フローを見直さなければならず、運用コストが重くなります。そうなると、KPI式PDCAが形骸化したり、運用されなくなるおそれがあります。

　また、関係者全員で同時にたくさんのKPIを追いかけることは難しいですが、追いかけるKPIを絞り込んだとしても、優先順位の低いKPIを追いかければ効果が上がりません。

　KPIはKey Performance Indicator、つまり「重要な業績評価指標」を意味します。KPIツリーで登場するKPIが仮に100個あったとして、そのすべてが「重要」な指標ではないでしょう。または、すべて「重要」な指標だったとしても、数が多ければ優先順位をつける必要があります。いずれにしても、100個のKPIの中からKGIへの影響が特に大きいKPIを見つけ出し、重点的に取り組むことが大切です。

4 種類の KPI を使い分ける

ここで、KPI を 4 種類に区分して、それらの特徴を整理した上で、KPI の優先順位について考えてみます。

KPI は、**結果 KPI**（結果指標）と**行動 KPI**（先行指標）、または、**資本 KPI**（量指標）と**効率 KPI**（質指標）に分けることができます。

① 「結果 KPI」と「行動 KPI」

売上という KGI の達成に向けて、次のようなプロセスがあるとします。

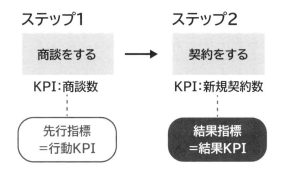

時の流れは、ステップ 1 からステップ 2 へと流れていくので、新規契約数は結果指標で、商談数はその前段階の先行指標です。商談数という先行指標が悪くなれば、そのうち新規契約数という結果指標も悪くなる可能性が高いといえます。この先行指標の状況を早めに把握することで、結果が出る前に先手先手でコントロールしていくことができます。

さらに、次のように、商談数よりもさらに先行する指標であるテレアポ数を早めに把握することができれば、より先手先手で結果をコントロールできる可能性が高まります。

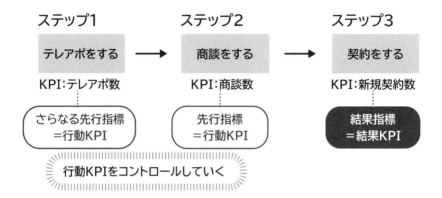

　このように KPI には、結果指標としての結果 KPI と、先行指標とし
ての行動 KPI があり、結果 KPI ばかりに注目するのではなく、行動
KPI を重点的にコントロールしていくことが大切です。

② 「資本 KPI」と「効率 KPI」

「商談数を増やそう」としたときに、A と B の 2 つの選択肢があったとします。

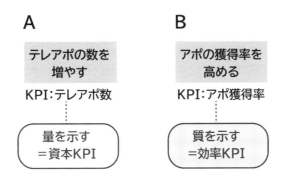

テレアポ数のように行動や結果の「量」をあらわす KPI を資本 KPI、アポ獲得率のように行動や結果の「質」をあらわす KPI を効率 KPI と区別できます。

　一般的には、資本 KPI が増えるに従ってコストが連動して増えていきます。たとえば、テレアポの数を増やすほど、その分、テレアポをする人の工数が増えていくので人件費などのコストが増えます。リスティング広告を出している Web サイトのクリック数が増えれば、広告単価を乗じた分だけ広告費が増えていきます。商談数が増えるに従って、営業をする人の工数やそれに伴う営業経費が増えていきます。

　一方、効率 KPI の方は、アポ獲得率を高めるために、たとえばトークスクリプトをつくり直す工数はかかるかもしれませんが、資本 KPI のように連動して工数が増えることは少なく、一般的には効率 KPI を改善する方がコストパフォーマンスが高いことが多いです。

KPIの優先順位をつける8つのポイント

90頁のKPIツリー図におけるKPIを、4種類に分類すると**表8**のようになります。

表8　KPIの分類

	結果KPI （結果指標）	行動KPI （先行指標）
資本KPI（量指標）	契約数	テレアポ数
効率KPI（質指標）	契約単価	アポ獲得率

　このようなKPIの種類と特徴に注意しながらKPIの優先順位を決めていきますが、その際に気をつけるポイントが次の8つです。

① **行動KPIと効率KPIの使い分け**・・・一般的には、結果KPIや資本KPIが注目されがちで、そうしたKPIを重点的にマネジメントしているケースが多いです。しかし、それだけでは本来のKPIマネジメントの効果が十分に発揮できません。行動KPIで状況を早く把握して、先手先手で未来の成果をコントロールしていく。そして、コントロールするときは、資本KPIで量をコントロールしつつも、効率KPIで質をコントロールしていくことで、KPIマネジメントの本領発揮につながります。**表8**の例でいうと、契約数が最も注目されがちですが、KPIマネジメントをする上では先行指標であるテレアポ数が大切になります。しかし、テレアポ数が増えれば増えるほど、それをこなす人が必要になってくるのでコストが増えていきますし、現状の人員リソースではテレアポ数にも限界があるはずです。そうなるとアポ獲得率がとても大切になります。

②　**リソースの状況** ··· 人員リソースに十分余裕があるのであれば資本
KPI を増やすことを優先し、余裕がなくなれば効率 KPI の優先度を上げ
るというように、経営資源の状況に応じて優先順位を変えます。

③　**インパクトの大きさ** ···KGI の目標値の達成に対して効果が大きい
かどうか。同じような大きさのインパクトであったとしても、資本 KPI
は増えれば増えるほどその分コストがかかるので、コストパフォーマン
スという点も踏まえると効率 KPI の方がインパクトが大きいことが多い
です。

④　**ギャップの大きさ** ··· 現状の実績値と計画値の差（ギャップ）が大
きいかどうか。ギャップが大きい KPI の方が改善の余地が大きい可能性
があります。

⑤　**変動幅の大きさ** ···KPI ごとの過去の実績推移を見たときに、変動
幅が大きいものほど、コントロールできたときの振れ幅（効果）も大き
い可能性があります。

⑥　**コントロール可能性** ··· たとえば、「料金の単価は変えないし値引き
もしない」という企業としての方針があれば、料金の単価は組織として
追いかける KPI になりえないので、優先順位付けから外れます。

⑦　**数値の入手可能性** ···KPI の数値を入手しやすいかどうか。入手し
やすい KPI の方が状況に応じて迅速に対応できるので優先度は高くなり

ます。

⑧　**競合優位性**　…　競合他社はどの KPI が強いのか。競合他社に対して
優位性を築くべき KPI がどれなのかも重要です。

　KPI を継続的に運用していると、「1％でも改善すれば KGI が大きく
改善する KPI」もあれば、「10％も改善したのに KGI があまり改善しな
い KPI」もあることがわかってきます。そうすれば、KGI の目標達成
に向けて重要な KPI も判断しやすくなるので、最初から完璧な優先順
位を探り当てようと肩肘を張り過ぎず、KPI を運用しながらアップデー
トしていきましょう。

3　KPI 式 PDCA の「Check」段階

　Plan と Do の段階のあと、次の Check の段階は、「計画にそって実行されているかどうか」を評価する段階になります。この段階で確認すべきことは何か、事例をもとに成功するためのポイントを説明していきます。

　第 1 章のコラム（**14 頁**）で、PL と KPI を対比することで KPI のメリットがわかりやすくなると書きました。その他のメリットは、KPI は「改善すべき点がわかりやすい」ということです。

　たとえば、売上高という PL の勘定科目を見ても、契約数や契約単価、さらには成約率や商談数といった情報はわかりません。たとえば、「売上の実績が計画に対して 90% の達成率だった」とします。このとき、売上高の帳簿の情報を調べてもそういった情報は記載されておらず、その原因がわかりづらいので効果的な対策を立てることができません。また、「営業利益率がいま 5% なのでもっと上げよう」と考えても、帳簿の情報だけでは効果的な対策がわかりづらく、結果として行動につながりづらいです。

　一方の KPI は、ビジネスの状況が詳細にわかります。たとえば、「売上の実績が計画に対して 90% の達成率だった」という場合でも、契約数が足りなかったのか、それとも契約単価が低かったのかというように、原因が簡単にわかるので対策も立てやすい。さらに、契約数が足りなかっ

た原因も、商談数が足りなかったのか、成約率が低かったのかといったように、細かくブレイクダウンして原因を深掘りできるので、何を改善すべきか明らかにできるというメリットがあります。

　KPIのメリットを活かすために、次の手順で「実行した結果」の分析を行い、振り返りをしていきましょう。

3-1 KPIツリーにそって計画未達成の原因を分析する

ステップ1　KGIの達成度を把握する

　設定したKGIの計画値と実績値の差異について、その達成度を把握することから分析をスタートします。たとえば、**表9**のような結果だったとします。

表9　KGI（売上）の達成度を把握する

	計画	実績	差異	達成率
売上　　　　千円	10,000	8,000	-2,000	80%

　この例では、KGIである売上の達成率は80%となっています。しかし、これだけ見てもそうなった原因はわかりません。そこで次のステップ2へ進みましょう。

ステップ2　KPIの達成度を把握して分析する

　KGIの達成度を把握したら、その具体的な原因を、KPIツリーにそってその階層を深めていきながら突き止めていきます。どの階層のKPIが計画未達成（もしくは達成）だったのかを把握し、その原因を分析しま

しょう。

　ここでKPIツリーのメリットを思い出してください。KPIツリーは、KPI同士の因果関係が一目瞭然となるフレームワークでした。上の階層の項目が悪い場合、その原因はその下の階層の項目にある、という因果関係が可視化されるフレームワークです。この特徴を活かしながら分析していきます。

　たとえば、各KPIが計画値に対して**表10**のような実績だったとします。

表10　KGI（売上）が計画未達成になった原因を探る

		計画	実績	差異	達成率
売上	千円	10,000	8,000	-2,000	80%
契約単価	千円	1,000	1,000	0	100%
契約数	社	10	8	-2	80%

　KGIである売上が計画未達成になった原因は、KPIツリーの特性上、1つ下の階層にあるので、契約単価か契約数のどちらかに原因があるはずです。それぞれの実績値を計画値と比べてみると、契約単価は計画達成しているので、売上が計画未達成になった原因は契約数が不足したからだとわかります。ただ、契約数が不足した原因まではわからないので、なぜ契約数が不足したのかを分析する必要があります。そこで、次頁以降でさらにKPIツリーの階層を下っていきます。

このとき、**表11**のような実績だったとします。

契約数が足りなかった原因は、その1つ下の階層にあるので、成約率か商談数のどちらかに原因があるはずです。それぞれの実績値を計画値と比べてみると、成約率は計画達成しているので、契約数が足りなかっ

表11　KPIを階層構造にそって並べた場合

		計画	実績	差異	達成率
売上	千円	10,000	8,000	-2,000	80%
契約単価	千円	1,000	1,000	0	100%
契約数	社	10	8	-2	80%
成約率	%	25	25	0	100%
商談数	社	40	32	-8	80%
アポ獲得率	%	10	11	1	110%
テレアポ数	社	400	290	-110	73%

表12　KPIを階層構造にそって並べていない場合

		計画	実績	差異	達成率
売上	千円	10,000	8,000	-2,000	80%
契約数	社	10	8	-2	80%
アポ獲得率	%	10	11	1	110%
テレアポ数	社	400	290	-110	73%
契約単価	千円	1,000	1,000	0	100%
商談数	社	40	32	-8	80%
成約率	%	25	25	0	100%

た原因は、商談数が不足したからだとわかります。さらに、その商談数が不足した原因は、アポ獲得率は計画達成しているので、テレアポ数が不足したからだとわかります。つまり、売上が計画未達成となった原因は、テレアポ数が計画未達成であったからだとわかります。

　しかし、たとえば**表 11** の KPI の数値が**表 12** のように並んでいたらどうでしょう。極端な例ですが、このように KPI が並列で、かつ、何の並びかわからない状態で並んでいると、売上の計画未達成の原因を読み解くのに苦労します。KPI の数が少ないならまだしも、KPI の数が多くなれば大変です。KPI ツリーの階層構造にそって、上から下っていきながら因果関係をしっかり理解しつつ、KGI や KPI の計画未達成（または達成）の原因を探っていきましょう。

　このように KPI ツリーの階層を下っていきながら各 KPI の実績を把握していくと、**表 11** では、売上が計画未達成となった原因として、テレアポ数が計画に対して未達成だったことが主な原因だとわかりました。そこで、「なぜテレアポ数は計画未達成になったのか」「どのようにして今後改善していくのか」について検討することで、改善策を見据えた具体的な分析をすることができます。

KPIツリーにそって分析するときのポイントは、計画未達成のKPIだけではなくて達成したKPIについても達成要因を探ることです。

表13を見てください。売上、契約単価、契約数は表11と同じですが、契約数が計画未達成の原因として、商談数は計画達成しているので、成約率が計画未達成であったことが原因だとわかります。その上で、「なぜ成約率は計画未達成になったのか」等を突き止めていきますが、それだけで終わらないようにしましょう。

表13　契約数が計画未達成の原因を探る

		計画	実績	差異	達成率
売上	千円	10,000	8,000	-2,000	80%
契約単価	千円	1,000	1,000	0	100%
契約数	社	10	8	-2	80%
成約率	%	25	20	-5	80%
商談数	社	40	40	0	100%

表14　商談数が計画達成した原因を探る

		計画	実績	差異	達成率	
売上	千円	10,000	8,000	-2,000	80%	
契約単価	千円	1,000	1,000	0	100%	
契約数	社	10	8	-2	80%	表13と同じ
成約率	%	25	20	-5	80%	
商談数	社	40	40	0	100%	
アポ獲得率	%	10	13	3	130%	
テレアポ数	社	400	300	-100	75%	

　表 14 を見てください。商談数は計画達成しているものの、達成の要因を掘り下げていくと、テレアポ数が大幅に計画未達成であったものの、アポ獲得率が大幅に計画達成しているから、結果として商談数が計画達成できたのだとわかります。このように、ある KPI の結果が良かったとしても、原因を深掘りすれば、良い結果をおさめた KPI とそうでない KPI があって、前者のプラスの効果が後者のマイナスの効果を上回っていたため最終的に良い結果につながっている場合が多くあります。

　その場合は、「テレアポ数が大幅に計画未達成になってしまった原因は何なのか」「今後どうやって改善していくのか」といった未達成の原因分析と対策だけではなく、「アポ獲得率はなぜこんなに大幅に計画達成できたのか」「この高水準を維持するにはどうすればいいのか」といったように、達成要因を一過性のものにせず再現性を高めていくための材料として活用していくことが重要です。

　KPI ツリーに出てくるすべての KPI について、計画に対して実績がどうだったのかというこのような分析をしていきましょう。

　以上のステップを通じて、KGI で設定した計画値に対する達成度を、日々の行動レベルまでさかのぼってその原因を深掘りすることができるので、その後の改善策も実行しやすくなります。

3-2　KPIツリーにそった分析のポイント4選

以上で述べたような結果分析をしていく際、以下の点に注意しましょう。

ポイント1　1円単位の正確性を追いかけない

　1円単位で正確な実績データを収集しようとすると、手間と時間がかかります。その手間と時間の割には、1円単位の結果で何かしらの意思決定が変わるということはないでしょう。つまり、KPI式PDCAを行うにあたって「**重要性の基準値**」を決めておくといいでしょう。これは実績データの集計だけではなく、PDCAをまわすすべての場面で共通していえることです。KPIを使ってPDCAをまわすにあたっては、常に「**意思決定**」がつきまといます。たとえば、売上の実績集計データとして「12,511円」と「12,000円」がある場合、それに基づく意思決定がどちらにしても変わらないのであれば、重要性の基準値は「千円」の単位になります。つまり、意思決定に必要な単位で「重要性の基準値」を決めましょう。「12,511円」という円単位までの実績データを「正確に」収集するのではなく、「12,000円」という千円単位までの実績データを「早く」収集することの方が大切です。そうすれば早く意思決定できて早く行動に移すことができます。

ポイント2　点の数値と線の数値の両面で見る

　「7月の実績が計画に対して90%の達成率だった」という場合、その時点における90%という「**点の数値**」だけでは正しく状況を理解でき

108

ません。上昇傾向における 90% なのか、下落傾向における 90% なのかによって捉え方は変わります。つまり、「前月と比べてどうだったのか」「前年と比べてどうだったのか」「直近 6 か月の推移は上昇傾向なのか、それとも下降傾向なのか」など、数値は過去からの傾向である「**線の数値**」と合わせて分析することで正しく状況を理解しやすくなります。

ポイント 3　事実を数値で多面的に捉える

「平均客単価が 1 万円」というデータがあったとします。このとき、それぞれのお客様は押しなべて 1 万円くらいを購入していると捉えがちです。しかし、商品のラインナップが 10 万円、1 万円、千円と幅があって、かつ、お客様の母数が少ないと、多くの人が千円の商品を購入し、特定の 1 人が 10 万円の商品を大量に購入すれば、平均客単価が一気に上がります。また、お客様の母数が多かったとしても、千円の商品と 10 万円の商品を購入した人が多く、1 万円の商品を購入した人が少ないと、平均客単価は 1 万円になることがあります。こういった場合、平均値という 1 つの側面だけで事実を判断するのは危険です。数値の見方を間違えば、事実を見誤る可能性があります。中央値や最頻値といった別視点の数値も使って多面的に事実を捉えれば、誤った判断をしにくくなります。

　あるいは、受注額と受注率という 2 つの数値を同時に見ることでわかることもあります。受注率が低くても受注額が大きい営業担当者 A さんと、受注額は少なくても受注率が高い営業担当者 B さんがいるとします。A さんは、少額の商談に力を入れず多額の商談に力を入れている、または得意かもしれません。一方 B さんは、少額の商談は得意なものの、多額の商談は不得意で、高度な提案力や価値の訴求などに課題があるか

もしれません。1つの側面である受注率のみで比較するのではなく、複数のデータから多面的に数値を読み解くことによって、事実を正しく捉え、課題の本質にたどり着きやすくなります。

ポイント4　部門間のあつれきを乗り越える

　各部門で、それぞれが自部門のKPIを達成することに集中するあまり、部門同士であつれきが発生することがあります。たとえば、マーケティング部門のKPIが「リード数」を増やすことだった場合、その後のフォローも考えず、ひたすら営業部門にリードを受け渡すことのみに執着しているとします。それを続けると「リードの質が悪すぎる」と営業部門の不満爆発につながりかねません。こういった部門間のあつれきがないかチェックし、それを解消することも大切なポイントです。

　たとえば、マーケティング部門のKPIが「リード数」、それを引き継いで商談する営業部門のKPIが「商談数」の場合、マーケティング部門のKPIに「商談数」を加えることが1つの解決策になりえます。これにより、マーケティング部門は後続の部門である営業部門のKPIも自部門の目標として追うことになります。そうすると、マーケティング部門だけでそのKPIを達成できず、営業部門の活動の影響を受けることになります。その結果、マーケティング部門は「自部門が獲得したリードが商談につながっているのか」と、自ずと後続の営業部門のプロセスに関心を持ち、コミュニケーションをとり、営業部門に受け渡す「リードの質」を意識した活動につながります。

　KPIを活用して、部門間のあつれきを乗り越え、部門間のコミュニケーションや連携を促進する「仕組み」をつくりましょう。

3-3　失敗しやすいポイントと対策 2 選

このような手順で分析していくにあたって、失敗しやすいポイントと
対策を記しておきます。

✖失敗 1　部門ごとにバラバラに KPI マネジメントをしている

たとえば、テレアポチームがテレアポをして商談をつくり、つくった
商談をセールスチームに引き渡す。その後、セールスチームが商談をし、
契約につなげていくというプロセスだったとします。

そのとき、セールスチームの KPI が**表 15**、テレアポチームの KPI が
表 16 の通りだとします。

表 15　セールスチームの KPI

		計画	実績	差異	達成率
売上	千円	10,000	8,000	-2,000	80%
契約単価	千円	1,000	1,000	0	100%
契約数	社	10	8	-2	80%
成約率	%	25	25	0	100%
商談数	社	40	32	-8	80%

表 16　テレアポチームの KPI

		計画	実績	差異	達成率
商談数	社	40	32	-8	80%
アポ獲得率	%	10	11	1	110%
テレアポ数	社	400	290	-110	73%

これまでのように売上をスタートにして、KPI ツリーの階層構造を
下っていきながら分析した結果、**表 15** のように売上や契約数が計画未
達成になったとします。「（その原因は）テレアポチームが計画通りの商
談数をつくれなかったからだ」とセールスチームは主張するかもしれま

せん。確かにその主張も一理ありますが、「テレアポチームでテレアポ数の進捗が悪く、計画通りの商談数をつくれなさそうだ」という情報がセールスチームに共有されていれば、セールスチームが別の方法により商談をつくれた可能性があります。

　このようにチームごとにバラバラにKPIを追いかけて、それぞれの状況（セールスチームは表15の状況、テレアポチームは表16の状況）しか見えていないと、チーム間の連携がしにくくなるという話はこれまでしてきました。

　この2つの表を一体化させたものが、104頁の表11になります。表11のようにKPIを階層構造にそって並べて進捗管理すれば、両チームのKPIがつながった状態になります。両チームが同じようにこの情報を持っていれば、事業全体のKGIである売上に至るプロセスの中で、どのチームのどのKPIの進捗状況が良いのか悪いのかがわかりやすくなるので、チーム間で連携して、リカバリーしあいやすくなります。

　このような、KPIツリーの下の階層から上の階層につながるチーム間の分析を「縦の分析」と呼ぶことにします。

✖失敗 2　他のチームとノウハウ共有ができていない

　次に、テレアポチームが、A チームと B チームに分かれている場合を考えます。A チームの KPI が**表 17**、一方の B チームの KPI が**表 18**の通りだとします。

表 17　テレアポ A チームの KPI

		計画	実績	差異	達成率
商談数	社	25	18	-7	72%
アポ獲得率	%	10	9	-1	90%
テレアポ数	社	250	200	-50	80%

表 18　テレアポ B チームの KPI

		計画	実績	差異	達成率
商談数	社	15	14	-1	93%
アポ獲得率	%	10	16	6	160%
テレアポ数	社	150	90	-60	60%

　各チームが自らのチームの KPI の状況しかわからなければ、B チームのアポ獲得率が大幅に良くなったことやそのノウハウを、A チームが知ることはないでしょう。A チームと B チームというような並列の組織でセクショナリズムが起こってしまうと、「他のチームの KPI 数値がどれくらいなのか」「他のチームがどのようにやっているのか、どういったノウハウを持っているのか」「自分たちのチームが他のチームと比べてどこが良くてどこが悪いのか」が一切わかりません。逆に、両チームがお互いの KPI の状況がわかっていれば、こういったことが起きにくいでしょう。これはチーム間に限らず、チーム内でのメンバー同士でも同じことがいえます。

　このような、並列のチーム・個人といった機能を横並びで比較する分析を「**横の分析**」と呼ぶことにします。

3-4 KPIツリーで事実を多角的に把握する

ここに円柱があったとします。真上から見ただけだと「円」に見えるので、円柱だという事実に気づかないことでしょう。また、真横から見ただけだと「長方形」に見えるので、これもまた事実を間違って認識してしまうでしょう。真上から、真横から、斜めからといろいろな角度から見てはじめて、目の前にあるものが「円柱」だと正しく認識できます。つまり、「空間軸」のなかで多角的に見る必要があるのです。

一方で、この円柱も時が経てば風雨の影響で一部が朽ち果てて、「円錐」になるかもしれません。時間軸を長く設けて見れば、目の前にあるものが、「円柱」から「円錐」に変化したと正しく理解できます。つまり、「時間軸」においても多角的に見る必要があります。

ビジネスでも同じです。KPIツリーを使って事実を正しく認識するために、先ほど紹介した「縦の分析」と「横の分析」のように「空間軸」のなかで多角的に見る必要があります。

108頁で、7月の結果分析をするときも、7月だけの「点の数値」ばかりを見るのではなく、傾向という「線の数値」もあわせて見る必要があるという話をしました。たとえば、7月のあるKPIの達成率が90%だとしても、それが上昇傾向にあるのか下落傾向にあるのかによって意味合いが異なってくるので、直近3か月や6か月の推移を見て傾向を把握したほうが正しく状況を理解できるでしょう。また、前年同月と比べてみたり、年度初めと比べてみたり、四半期や年度ごとの推移で見てみたり、というように「時間軸」においても多角的に見る必要があります。

114

　これまで部門間の「縦の分析」と「横の分析」について説明してきましたが、ここでは部門内での個人単位の「縦の分析」と「横の分析」について見てみましょう。

個人単位の「縦の分析」

　たとえば、テレアポから商談をつくり、契約までつなげていくプロセスを、すべてセールスチームが一気通貫で行っている場合を考えます。
　セールスチームのメンバー A さんの進捗状況が **104 頁の表 11** のとおりだったとします。

- 売上の達成率が 80% となっている。
- その原因を探るべく、1 つ階層を下げて見てみると、契約単価の達成率は 100% で問題がなく、契約数の達成率が 80% になっているので、これが原因だとわかる。
- 契約数の達成率が 80% になっている原因は何かを探るべく、さらに 1 つ階層を下げて見る。そうすると、成約率の達成率は 100% なので、商談数の達成率が 80% になっていることが原因だとわかる。
- 商談数の達成率が 80% になっている原因を探るべく、さらに 1 つ階層を下げて見る。そうすると、アポ獲得率の達成率は 110% なので、テレアポ数の達成率が 73% しかないことが原因だとわかる。

　このように、A さんがどのプロセスでつまずいているのか（どの KPIに問題があるのか）が一目瞭然なので、A さん自身は自分のどこに問題が

あるのかが理解しやすく、上長も A さんをフォローしやすくなります。

　つまり、プロセス全体を通して見ることで、一人ひとりが KGI 達成に向けてのボトルネックを突き止めやすくなり、自分自身ですぐにリカバリーすることで、KGI の計画達成につなげることができます。

個人単位の「横の分析」

　表 19 を見てください。これはセールスチームのメンバーである、A さん、B さん、C さん、3 人の KPI の状況をまとめたものです。このように 3 人を横並びで比較してみると、「A さんはテレアポ数が多い」「B さんはアポ獲得率は高いけど成約率と契約単価が低い」「C さんは契約単価と成約率は高いけどテレアポ数が少ない」といったことが一目瞭然です。メンバー間のこういった「違い」がわかれば、「A さんがどうやってテレアポ数を増やしているのかを B さんや C さんに教える」「B さんがどうやって高水準のアポ獲得率を維持できているのかを A さんと C さんに教える」「C さんがどうやって契約単価や成約率を高めているの

表 19　個人単位の「横の分析」

		Aさん	Bさん	Cさん
売上	千円	8,000	6,000	12,000
契約単価	千円	1,000	600	1,500
契約数	社	8	10	8
成約率	%	25	20	40
商談数	社	32	50	20
アポ獲得率	%	10	20	10
テレアポ数	社	320	250	200

かを A さんや B さんに教える」というように、チーム内でノウハウを
共有したり、お互いにフォローしたりしやすくなります。そうすれば一
人ひとりの成長スピードも加速するはずです。できれば KPI ごとのそ
ういった経験を「**ノウハウ集**」としてまとめていくといいでしょう。

　また、上長としても、一人ひとりの進捗状況や強み・弱みを把握しや
すくなるので、チームのマネジメントが容易になるはずです。このよう
なチームマネジメントで、「チームとして営業力を底上げできる」「個人
個人の成長スピードが上がる」「チーム全員でクリティカルな改善策を
議論できるようになる」といった効果が期待できます。

　このように、振り返りをするときには、「縦の分析」と「横の分析」の、
両方の視点を持ちながら多角的に分析していきましょう。

4 KPI式PDCAの「Action」段階

いよいよ最後の「Action」の段階です。この段階では、計画通りにいかなかった部分に対して見直しをしていきます。

さて、「鳥の目」「虫の目」「魚の目」という言葉があります。
　「鳥の目」は、マクロな視点で全体を俯瞰的に見ること。
　「虫の目」は、いろいろな角度からミクロに物事を見ること。
　「魚の目」は、時代や周囲の空気などの流れを見ること。

KPI式PDCAにおいても、これらの視点が大切です。
　「鳥の目」で、KPIツリーを使ってビジネスの全体像を俯瞰的に見る。
　「虫の目」で、各KPIの個別の状況を細かく見る。
　「魚の目」で、過去からの推移や今後の予測といった時の流れを見る。

「鳥の目」や「虫の目」については前節の「Check」段階で説明してきましたが、ここでは「魚の目」について考えてみます。
　前節では、KGIやKPIの実績の分析について説明しましたが、そういった「結果の分析」をする目的は何でしょうか。
　過去を分析すること自体が目的になってしまっているケースもあるかもしれません。しかし、本来は「これから何をすべきなのか」を意思決

定するために過去を分析しているはずです。つまり、「未来に向けた意思決定」をするために過去の結果を分析しているといえます。

　未来に向けた意思決定を適切に行うためには、「魚の目」で時の流れを見て、「今のままだったらどうなるのか」を知ることがとても大切です。

　以下では、KPI を使って過去を分析し、その結果を報告するだけで終わるのではなく、それを踏まえて、KPI を使って未来を予測し、ビジネスにおける意思決定に役立てることを考えてみましょう。

4-1 未来を予測して先手先手で成果をコントロールする

　では、KPIで未来を予測しながら計画の達成度を上げていくためには
どうしたらいいでしょうか。たとえば、**図B**で示すように、テレアポ
してから商談に至るまでの平均的なリードタイムが1か月で、商談して
から契約に至るまでの平均的なリードタイムも1か月だとします。4月
のテレアポの計画が500社、アポ獲得率の計画が10%とします。テレ
アポから商談までのリードタイムを1か月とすると、5月の商談数の計
画は50社（＝テレアポ500社 × アポ獲得率10%）です。また、それに対し
て成約率の計画は20%なので、商談から契約までのリードタイムを1
か月とすると、6月の契約数の計画は10社（＝商談数50社×成約率20%）

図B　リードタイムによるシミュレーション

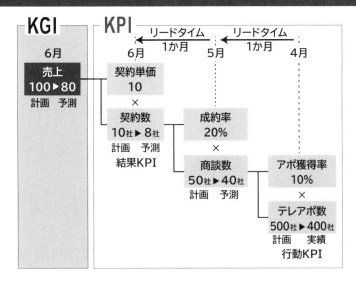

です。それに対して契約単価の計画は 10 なので、6 月の売上の計画は 100 社（＝契約数 10 社×契約単価 10）となっています。

　このような計画のときに、4 月のテレアポ数が計画 500 社に対して実績 400 社（達成率 80%）だったとします。テレアポから商談までのリードタイムが 1 か月なので、アポ獲得率が計画の 10% のままだとすると、5 月の商談数は 40 社（＝テレアポ数 400 社 × アポ獲得率 10%）になりそうです。5 月の商談数が 40 社になったとすると、商談から契約までのリードタイムが 1 か月なので、成約率が計画の 20% のままだとすると 6 月の契約数は 8 社（＝商談数 40 社 × 成約率 20%）になりそうです。そうなると、契約単価が計画の 10 のままだとすると、6 月の売上は計画 100 に対して 80（＝契約数 8 社 × 契約単価 10）になる可能性が高い、と予測できます。

　このように KPI ツリーとリードタイムを組み合わせれば、「今のままだったらどうなるのか」というシミュレーションが簡単にできます。KPI ツリーとリードタイムを細かく設定していけば、さらにシミュレーションの精度を上げることが可能です。なお、「Plan」段階で説明した計画を立てる際においても、リードタイムを考慮して計画を立てる方がより精度が上がるでしょう。

　シミュレーションの結果、「6 月の売上計画 100 を達成するには、成約率が計画の 20% だとすると、5 月の商談数の見込 40 社を 50 社にする必要がある。しかし、5 月のテレアポ数を増やしてもリードタイムが 1 か月なので 5 月の商談数増には間に合わない。そこで 5 月の商談数の見込 40 社に対する成約率を高めていこう」と考えたとします。では成約

率を何％まで上げる必要があるでしょうか？ これも逆算で簡単に試算できます。「売上の計画 100 を達成するためには、契約単価が 10 のままだとすると、契約数を 10 社（＝売上 100 ÷ 契約単価 10）にする必要がある。商談数が見込 40 社のままだとすると、契約数 10 社を達成するためには、成約率は 25%（＝契約数 10 社 ÷ 商談数 40 社）を上回る必要がある」という試算です。その上で、「成約率を 20% から 25% にするにはどうしたらいいか」という具体的な施策をチームで話し合ってアクションしていきます。その他、「契約単価を高める施策」などいろいろな施策が考えられます。

　以上で述べたことは、以下のステップに集約できます。これらのステップを繰り返すことで、目標の達成度は上がるはずです。

　　　ステップ 1　　今のままだったらどうなりそうかを KPI ツリーにそって
　　　　　　　　　　予測する。
　　　ステップ 2　　その予測と計画との差をはっきりさせる。
　　　ステップ 3　　その差をどのようにして解消するかを考えて行動する。

　KPI の有効な活用方法は、先行指標をとらえて未来の成果をコントロールすることに他なりません。先行指標の KPI（120 頁の図 B の例でいえばテレアポ数）を使って結果指標の KPI（図 B の例でいえば売上）を予測し、その予測と計画の差（図 B の例でいえば売上の計画 100 と予測 80 の差 20）をはっきりさせて、その差を解消するためにやるべきことを決めて行動するというように、未来予測からの逆算でマネジメントすることが大切です。

122

目先の結果ばかりを追いかけないことがポイント

96 頁で結果 KPI と行動 KPI の話をしましたが、どちらが重要でしょうか？ 答えは「どちらも」です。ただ、「重要の意味」が違います。結果 KPI は今月の売上目標を達成するために重要で、行動 KPI は来月以降の売上目標を達成するために重要です。

120 頁の図 B を例にすると、4 月のテレアポ数を増やしたとしても、リードタイムを考えれば 4 月の売上獲得につながる可能性は低いことがわかります。4 月の売上目標が未達成になりそうであれば、結果 KPI である「契約数」を増やす、または「契約単価」を上げる施策が即効性があり重要です。一方、そうした結果 KPI ばかりを追いかけ、テレアポ数のような行動 KPI がおざなりになり 4 月の計画に対して未達成になると、リードタイムを考えれば、5 月の商談数が減り、その結果 6 月の契約数が減る可能性が高くなります。5 月に十分な商談数を確保できていないので、6 月の売上獲得に困って、目先の結果 KPI ばかり追いかけることになりかねません。そうなると、またテレアポ数がおざなりになる悪循環に陥りがちです。

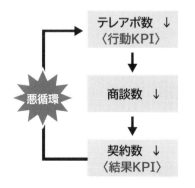
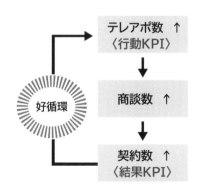

結果KPIの計画達成は目指すべきですが、商談数やテレアポ数といった行動KPIの重要性を理解し、来月や再来月の売上獲得に向けて、先手先手でコツコツと達成していけば、毎月の売上の計画達成に向けて再現性が高まり、計画達成の精度も高まっていくでしょう。このように、毎月、目先の結果ばかりを追い求めずに、KPIで先を見ながら行動することが大切です。

4-2　月次の計画達成に向けた逆算思考の行動

計画に対しての達成度を上げるためには、PDCAのサイクルを速くまわすことが効果的です。そのために、会議を毎週のように開いている企業も多いと思いますが、会議の場ではどんなことが話し合われているでしょうか？

その日までの実績報告をするだけの企業もあるかもしれません。または、実績報告に加え、その日の時点における当月末の売上着地見込を報告して、当月の売上計画達成に向けて、その日までの振り返りとその日以降のアクションプランをすり合わせている企業もあるかもしれません。しかし、すり合わせの対象は「売上」というKGIや「契約数」のような結果KPIばかりになっている場合が多いです。その結果、前頁で述べたように、目先の売上ばかりを毎月追いかけ、今月の売上計画に追われながら「このままだと達成できなさそうだ、どうしよう」と、後手後手の行動になりがちです。これは、先行指標の行動KPIを軽視することで、結果指標の結果KPIばかりを追いかけている状態です。

　そこで、毎週の会議に次の方法を取り入れてみてください。10 月第 2
週の週次会議を例に考えてみましょう（**表 20**）。

表 20　10 月第 2 週の週次会議の例

		第 2 週までの実績	第 2 週までの計画	達成率
売上	千円	3,000	5,000	60%
契約単価	千円	1,000	1,000	100%
契約数	社	3	5	60%
成約率	%	30	25	120%
商談数	社	10	20	50%
アポ獲得率	%	5	8	63%
テレアポ数	社	A…200	250	80%

ステップ 1　KPI ごとに 10 月第 2 週までの実績を集約する

　このとき、KGI の売上だけではなく、すべての KPI の実績数値を集
約します。

ステップ 2　その実績が 10 月第 2 週までの計画に対して
　どれくらい達成されているかを確認する

　ここでは週次の計画を立てていることを前提に進めます。

　第 2 週までの計画に対して、実績がどれくらい達成されているのかを
確認します。このとき、第 3 節（KPI 式 PDCA の「Check」段階）で述べた、
KPI ツリーにそった Check の方法に従って進捗状況を分析してみてく
ださい。

表21　すべての KPI の着地見込数値

		月末着地見込	月次計画	達成見込率
売上	千円	9,000	10,000	90%
契約単価	千円	1,000	1,000	100%
契約数	社	9	10	90%
成約率	%	29	25	116%
商談数	社	31	40	78%
アポ獲得率	%	7	8	88%
テレアポ数	社	C…450	B…500	90%

ステップ3　その進捗に応じて KPI ごとに 10 月末の着地見込を立てる

ステップ2の状況を踏まえて、第2週時点における10月末の着地見込を出します。このとき、KGIの売上だけではなく、すべてのKPIの着地見込数値を出しましょう（**表21**）。

その上で、第2週目までの進捗状況と着地見込に不整合がないかをKPIごとに確認します。

たとえば、第2週までのテレアポ数の実績が200社（**表20 A**）で、10月のテレアポ数の計画が500社（**表21 B**）だとして、着地見込が450社（**表21 C**）になっていたとします。第2週までの2週間で200社だったものが、残り2週間で300社をやり切るという見込みです。これだけ聞くと違和感がありますよね？　そこで、どうやってその300社をやり切れるのかを確認しましょう。その方法でやり切れそうであればそのままでいいですが、そうでなければ着地見込を見直すか、やり切れる方法を追加で考えましょう。

ステップ 4　月末の着地見込と月次の計画を比べて差を明確にする

10 月の月次計画に対して第 2 週時点における 10 月末の着地見込がどれくらいになりそうかを KPI ごとに確認します。このときも、前節の KPI ツリーにそった Check の方法に従って分析をしてください。**表 21** の例でいうと、次のような分析になります。

- このままいけば売上が計画に対して 90% の達成率になりそうだ。
- その原因は 1 つ下の階層にある契約単価か契約数のどちらかにある。そうしたときに、契約単価は計画を達成できる見込みなので、契約数が未達成になりそうなことが原因だ。
- 契約数が未達成になりそうな原因は、その 1 つ下の階層にある成約率か商談数のどちらかにある。そうしたときに、成約率は計画を大幅達成しそうだが、商談数が大幅に未達成になりそうなことが原因だ。
- 商談数が大幅未達成になりそうな原因は、その 1 つ下の階層にあるアポ獲得率かテレアポ数にある。そうしたときに、どちらも達成率が 90% ほどの見込みとなっている。

ステップ 5　未達成になりそうな KPI について改善施策を考えて行動する

たとえば、ステップ 4 の結果を踏まえると、売上の達成見込率が 90% になっている主な原因は、アポ獲得率とテレアポ数が計画未達成になりそうなためでした。そこで、「テレアポ数の着地見込と計画との

差は 50 社なので、この 50 社を残り 2 週間で〇〇〇をすることでリカバリーしよう」「アポ獲得率の見込は計画に対して 1% 下がってしまっているが、その原因は×××なので、残り 2 週間で△△△をすることで改善していこう」というように、具体的な改善施策を考えて行動します。これ以外にも改善施策はいろいろ考えられます。たとえば、「テレアポ数とアポ獲得率はこれ以上の改善が見込めないので、成約率を高めて計画の契約数を確保しよう」「テレアポ数もアポ獲得率も成約率もこれ以上の改善が見込めないので、契約単価を上げて計画の売上を確保しよう」といった具合です。

　以上が、逆算思考の行動です。毎週、KPI ごとに、実績と着地見込を出して、着地見込の精度を確認し、上の階層の KPI から順に計画との差を明確にして、未達成になりそうであれば、残りの日数でどういったリカバリー施策を実行するかを話し合って決めて行動していきましょう。
　ここでは、進捗状況が悪い KPI について書きましたが、余裕があれば、進捗状況が良い KPI についても原因を解明して、その後も継続的にそれが実現できる方法をチーム内で共有するといいでしょう。

　このように、組織・チームの PDCA を週単位でスピーディーにまわしていくことで、計画を達成する仕組みをつくり、習慣化しましょう。

着地見込の精度を上げる

　この運用の効果を上げるポイントは着地見込の精度です。精度が低ければ、計画との差を出しても意味が薄れてしまいます。先ほどのステッ

プ 1 からステップ 5 までの例であれば、残りの 2 週間でやるべきことの
施策がトンチンカンなものになるかもしれません。

　つまり、着地見込の精度を上げることで運用の効果を圧倒的に上げる
ことができます。精度を上げる 1 つの方法として、「着地見込の精度が
高かったのか低かったのかの振り返り」をしてみてください。

　着地見込を出しながら週次の会議をしている企業は多いとは思います
が、やりっぱなしになっているケースが多いです。

　先ほどの例の続きで、10 月第 3 週の週次会議で、テレアポ数の着地
見込が 460 件だったとします。10 月が終わるまで残りは 1 週間くらい
なのでその見込みの精度は相当高いことが期待できます。しかし、この
460 件という着地見込の精度が高かったのかどうかを、10 月が終わって
から振り返りをしていないというケースが多いです。そこで、11 月に
入ってから、10 月第 3 週時点の着地見込 460 社と、実際の 10 月実績を
見比べてみましょう。10 月の実績が 460 社、またはそれに近しい数値
ならいいですが、たとえば、実績が 440 社となっていて、着地見込との
差が 20 社も出たとします。その場合、「なぜそうなってしまったのか」「翌
月以降どう改善すれば着地見込の精度をあげることができるのか」と振
り返ることで、徐々に精度は上がるでしょう。

　ここでも、できれば「着地見込より実績が悪かったもの」だけではな
く「着地見込より実績が良かったもの」もあわせて振り返りをしてくだ
さい。どちらも「着地見込の精度が高くなかった」という点では同じだ
からです。

　このように、KPI ツリーに出てくるすべての KPI について、着地見

込に対して実績がどうだったのかを比べながら、着地見込の精度が高かったのか低かったのかを検証して、今後の着地見込の精度向上に取り組んでいきましょう。

　また、先ほどの例は、10月第3週に対して振り返りをしましたが、10月第1週、10月第2週、10月第3週のそれぞれの時点で着地見込を出していたとすると、週を追うごとにその着地見込の精度は上がっていくはずなので、そうなっているかを時系列を追いながら検証していくとなおよいでしょう。

　繰り返しになりますが、基本的には週を追うごとに着地見込の精度が上がっていき、最終週の週次会議での着地見込はおおよそ10月の実績に近しい数値になっていることが理想的です。

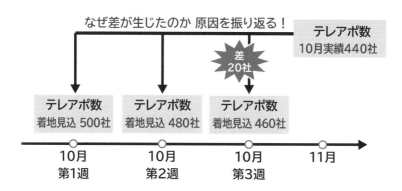

4-3　年次の計画達成に向けた逆算思考の行動

　ここまでは「月単位」の計画達成に向けた「週単位」の Action について書いてきました。次は、「年単位」の計画達成に向けた「月単位」で逆算思考の Action について説明します。

　過去からの成り行きで日々行動していて、「このままで年次計画が達成できるのか」がわからないまま日々を過ごしていないでしょうか。これは、現状のままだと年度末の着地見込がどうなるかが見えておらず、年次計画との比較ができないことが 1 つの原因です。

　KPI ツリーをつくることで、日々の活動が KGI にどのようにつながるのかを可視化しました。つながりが見えることで、日々の活動に紐づく KPI 数値が、どのように KGI 数値に影響を与えるのかがわかりやすくなりました。その結果、想定される各種のシナリオ（改善案）を実行したらどうなるかを数値でシミュレーションして予測し、どのシナリオが最も効果が出そうかを確認して、合理的にシナリオを選択できます。その具体的な方法について以下で見ていきましょう。

ステップ 1　KPI の数値目標を見直す

　4-1 で、リードタイムを中心とした近い未来のシミュレーションの話をしましたが、次はもう少し先の未来である年度末までをシミュレーションしてみましょう。

表22を見てください。12月決算の企業の例で、1月から6月までは実績値、7月から12月までは当初計画値が並んでいるとします。

1月から6月までの実績推移を見ていると、どうやら7月以降の計画を見直した方が良さそうです。このように、実績の推移を見ながら、その後の見込みをシミュレーションし直します。

表22　12月決算企業のKPI数値

		1月実績	2月実績	3月実績	4月実績	5月実績	6月実績	7月計画	8月計画	9月計画	10月計画	11月計画	12月計画
売上	千円	2,000	2,400	3,300	4,000	3,300	4,500	4,400	4,400	6,000	7,200	7,800	7,800
契約単価	千円	100	120	110	100	110	90	110	110	120	120	130	130
契約数	社	20	20	30	40	30	50	40	40	50	60	60	60
成約率	%	20	15	23	29	25	31	20	18	20	20	20	20
商談数	社	100	130	130	140	120	160	200	220	250	300	300	300
アポ獲得率	%	10	11	9	13	10	11	10	10	10	10	10	10
テレアポ数	社	1,000	1,200	1,400	1,100	1,200	1,500	2,000	2,200	2,500	3,000	3,000	3,000

表23　シナリオを考えてシミュレーションする

		1月実績	2月実績	3月実績	4月実績	5月実績	6月実績	7月予測	8月予測	9月予測	10月予測	11月予測	12月予測
売上	千円	2,000	2,400	3,300	4,000	3,300	4,500	4,500	5,000	6,050	6,600	7,800	8,400
契約単価	千円	100	120	110	100	110	90	100	100	110	110	120	120
契約数	社	20	20	30	40	30	50	45	50	55	60	65	70
成約率	%	20	15	23	29	25	31	28	28	28	24	24	23
商談数	社	100	130	130	140	120	160	160	180	200	250	270	300
アポ獲得率	%	10	11	9	13	10	11	10	10	10	10	10	10
テレアポ数	社	1,000	1,200	1,400	1,100	1,200	1,500	1,600	1,800	2,000	2,500	2,700	3,000

　たとえば、次のようなシナリオを考えてシミュレーションし直したと
します（表23）。

① 　テレアポ数の実績推移を見ると、今の人員数では当面の間は当初計画の
　　達成が難しそうなので、7 月以降のテレアポ数の見込みを下げよう。
② 　アポ獲得率は、当初計画に近い水準で推移しているので、いったん当初
　　計画のままにしよう。
③ 　「 ① × ② 」の結果として、商談数がシミュレーションできる。
④ 　成約率は、逆に当初計画を上回る水準で推移してきているので、7 月以
　　降は全体的に見込みを少し上げつつも、⑥の契約単価が上がるにつれて
　　少しずつ下がっていくと想定してみよう。
⑤ 　「 ③ × ④ 」の結果として、契約数がシミュレーションできる。
⑥ 　契約単価の実績推移を見ると、当初計画通りのアップセル・クロスセル
　　は当面難しそうなので、年度末に向けて少しずつ当初の計画値を達成で
　　きるようにしていこう。
⑦ 　「 ⑤ × ⑥ 」の結果として、売上がシミュレーションできる。

　このように、シナリオを考えてシミュレーションしていくことを「**シ
ナリオフォーキャスト**」と呼ぶことにします。シナリオフォーキャス
トをする際は、先ほどのように、KPI ツリーの下の階層から順にシナリ
オを考えてシミュレーションしていきましょう。

また、1月から6月の実績と、7月から12月のシナリオフォーキャストの結果を合計したものを年度末の「**着地見込**」と呼ぶことにします。そして、その着地見込と当初計画を比較したところ、**表24**のようになったとします。

　これを見ると、次のことがわかります。やり方としては今までと同様、KGIをスタートにKPIツリーの階層構造を下っていきます。

① 今のままだと売上の未達成が2,150千円になりそうだ。
② その原因としては、契約単価と契約数が、ともに少しずつ未達成になりそうなことが原因だ。
③ 契約数が未達成になりそうな原因としては、成約率には問題がなさそうなので、商談数が大幅に未達成になりそうなことが原因だ。
④ 商談数が未達成になりそうな原因としては、アポ獲得率には問題がなさそうなので、テレアポ数が大幅に未達成になりそうなことが原因だ。

表24　当初計画と着地見込の比較

		当初計画	着地見込	差異	達成率
売上	千円	60,000	57,850	① -2,150	96%
契約単価	千円	110	108	② -2	98%
契約数	社	545	535	-10	98%
成約率	%	24	25	1	104%
商談数	社	2,300	2,140	③ -160	93%
アポ獲得率	%	10	10	0	100%
テレアポ数	社	23,000	21,000	④ -2,000	91%

　その上で、当初計画を達成するために、次のような具体的な施策を考えて、再度シミュレーションをし直します。

① 　テレアポ数を 7 月から 12 月の残り 6 か月でリカバリーして増やす必要がある。

② 　ただ、急に増やすにはリソース面でも限界があるので、アポの取り方を見直してアポ獲得率を少しでも高める施策を考えよう。

③ 　成約率は今のところ問題ないので今のままのアクションを続けつつ、その成約率を下げないようにしながら、アップセル・クロスセルによって契約単価をもう少し上げていく必要がある。

　これを繰り返して、着地見込が当初計画に限りなく近づく、または当初計画を達成できるシナリオと施策を見つけていきます。
　なお、シナリオフォーキャストをする際は、いろいろなシナリオを想定して、そのシナリオごとのシミュレーションを同時にしてみると、早めに着地点、すなわち当初計画を達成できるシナリオが見つかるでしょう。

ステップ 2　KGI の数値目標を見直す
　ステップ 1 のように複数のシナリオを想定してシミュレーションしたものの、「どうしても当初計画の KGI 達成が難しそうだ」となった場合は、KGI の計画値を見直す（下方修正する）必要があるでしょう。逆に、「当初計画の KGI を上回りそうだ」というシミュレーション結果になった場合も、見直す（上方修正する）必要があるでしょう。

ステップ３　最適なシナリオを選択する

　ステップ１、ステップ２を踏まえて、その時点での最適なシナリオ
を選択します。前頁の例でいえば、再設定された７月以降の KPI ごと
の計画値の達成を目指して実行（Do）し、そのシミュレーション通りに
いかなければ、その結果を振り返り（Check）、再度シナリオフォーキャ
ストをする、という PDCA サイクルをまわしていきます。

　こういったシナリオフォーキャストを通じて、今はどのシナリオを選
ぶことがベストなのかわかりやすくなるので、感覚に頼らない合理的な
意思決定をしやすくなります。そうすることで、チーム全員が今後のア
クションとして何をすべきかを理解しやすくなります。

5　KPI 式 PDCA を支える環境づくり

　これまでに書いてきた KPI 式 PDCA をしっかり実行していくにあたっては、それを支える環境が必要になってきます。

　KGI を達成するためには、組織のメンバー全員が目標に向けて前向きに取り組むことができる環境づくりが大切です。そうすることで、一部の人だけでなく組織全体で KPI 式 PDCA を実行していくことができます。また、KPI 式 PDCA の目的や意義、各メンバーにとってのメリットなどを事前に共有しておくことも大切です。

　KPI 式 PDCA を通して、各メンバーが、自分が関わるビジネスの全体の状況や今後のロードマップを理解することで、当事者意識が高まり、各メンバーへの権限移譲もしやすくなります。そして、組織全員で常にKPI を見直し、「どうすれば KGI や KPI の目標を達成できるのか」「達成率の悪い KPI については、何が原因なのか、何がボトルネックとなっているのか」を明確にして、「何をどうすれば達成できるのか」という具体的なアクションプランに落とし込むことで、KGI の目標達成に向け組織全員で一致団結して前向きに取り組めるようになります。

　ここでは次の2つの視点で、KPI 式 PDCA を支える環境づくりについて考えていきましょう。

5-1 全員が同じように全体を見ることができる

　まず、組織の全員が事業の状況について共通認識を持つことが大切です。

　インドには、「群盲象を評す」という寓話があるそうです。数人の盲人が象の体の一部を触って、象の姿を思い浮かべました。ある人は鼻に触って蛇のようだと言い、ある人は尻尾に触って縄のようだと言い、ある人は牙を触って槍のようだと言い、それぞれが自分の意見を譲らなかったという話です。

　ここで大切なことは、それぞれの視点から見た「象」は、それぞれの「部分」においては正しいということです。その部分の事実としては、誰も間違ってはいないのです。このように意見が食い違う原因は、誰も「全体」が見えていないことが一因です。仮に、「一部」の人だけ「全体」が見えていたとしても同様の結果になるはずです。つまり、「全員」が「全体」を「同じように」見えている状態であれば、「全員」で共通認識が持てたはずです。

　ビジネスでも同じことが言えます。たとえばCheckの段階において、事業全体の計画が未達成だった場合を考えます。各部門ごとに見ている情報が違っていると、営業部、マーケティング部、管理部とそれぞれから見える未達成の原因が食い違ってしまい、一致団結して解決に向かうことが難しくなります。それぞれの部門が、事業全体の状況を同じように見ていれば、その中でどの部門のどこに未達成の原因があるのかについて共通認識が持ちやすくなるはずです。これはCheckの段階のみな

らず、Plan、Do、Action の各段階でも同じです。つまり、全員が事業全体の状況を同じように見れる状態をつくる必要があります。

この「全員が同じように全体を見る」ために必要なポイントは、以下の 2 つです。

全員が同じ情報を見ること

1 つは、「全員が同じ情報を見る」ことです。たとえば、私が「青色が好きだ」といっても、どんな青色を想像するかは人それぞれです。しかし、いま目の前にある空を指差して「この空の青色が好きだ」と言えば、青色が具体的に特定できて伝わりやすくなります。つまり、同じ対象を見ることで共通認識を持ちやすくなります。

ビジネスにおいても、全員が事業の全体の状況を「同じように」見れる環境をつくるためには、実際に同じ情報を見ることが大切です。

たとえば、全部門の情報が集まったデータベースがあり、営業部は独自にそこからデータを集約して事業全体の状況を理解し、マーケティング部も独自にそこからデータを集約して事業全体の状況を理解しているとします。集約の仕方が違っていて、それぞれが見ている事業全体の情報が異なる場合、それぞれの部門が「事業全体の状況」を把握していると思っていても、その認識は食い違っていることもあります。事業全体の状況は、全員が同じ情報を見ることで共通認識を持ちやすくなります。

誰にとってもわかりやすい情報であること

もう 1 つは、「誰にとっても情報がわかりやすい」ということです。全員が同じ情報を見れる環境をつくったとしても、その情報が、組織の

全員にとってわかりにくい情報だったら、全員が同じように理解できないでしょう。

　たとえば、事業全体の状況を、表計算ソフトを使って全員が同じ情報として見れるとしても、複雑な関数が組まれていたり、作成者以外にわかりにくい情報であれば、全員が同じように理解できません。つまり、全員にとって「わかりやすい」ことも大切です。事業全体の状況を可視化した情報が、難しければ難しいほど、リテラシーの高い人しか理解できません。そうなると全員で共通認識を持ちづらくなります。

　大切なことは、KPI 式 PDCA について説明してきたこれまでの内容に従って、まずは、第 2 章のとおり、KPI ツリーをつくり、全員が自分たちのビジネスモデルの全体像を理解できるようにすることです。その上で、第 3 章のとおり、その KPI ツリーに基づいて、全員がわかりやすい Plan をつくり、Do の進捗状況を全員が確認しやすくして、その結果を全員がわかるように Check し、次の Action を全員で練り直して実行していくことです。

　そうすることで、自分たちが関わっているビジネスの全体像と、その中で自分の部門の果たすべき役割が明らかになります。また、他の部門とどのように連携すればよいのか、その中ではどういった KPI が重要とされ、それぞれの KPI の関係がどうなっているのか、自分が日々追っている KPI はどういった位置付けにあるのか、といったことが理解できるようになります。理解するだけでなく、全員で共通認識を持つことが大切です。

　そうすれば、経営者はもちろん、営業部、マーケティング部、管理部の各メンバーも、それぞれの領域のみならず、全員が事業の全体像を同じように見えるようになります。全員が事業全体を同じように見ているので、全員が全体最適な視座に立って、全員でアイデアを出しあって議論できます。そうすると、事業全体の状況を把握した上で、各部門が「いま果たすべき役割」が理解できるので、各メンバーが全体最適な視点を持って、各部門のマネジメントにあたることができます。また、「いま何を優先的にやるべきなのか」といった意思決定に対しても全員が合意しやすく、共通認識が持てるようになるので、各部門において適切なアクションが取れるようになります。さらに、各メンバーが他の部門の状況も含めた事業全体の状況について共通認識を持っているので、他の部門との連携をうまく取りながら、相互にフォローしあって、事業全体の目標を達成しやすくなります。これは、企業における経営者とメンバーの関係のみならず、企業内の組織における上長と部下の関係でも同じことがいえます。

5-2 全員に最新の情報が共有されている

　KPIマネジメントは、PDCAサイクルにそって行うことが大切です。それを繰り返し続けることで、自分たちにとって最適なKPIの設計と運用ができるようになります。

　たとえば月に一度、前月の振り返りをする頻度でPDCAをまわすと、年間でまわせるサイクルは12回です。一方、週に1度、前週の振り返りをする頻度でPDCAをまわすと、年間でまわせるサイクルは48回（＝4週／月 × 12か月）です。後者の方がPDCAのサイクルが速く改善スピードも速まるので、KPI式PDCAの効果も上がりやすいでしょう。

　高い頻度でPDCAをまわすためには、KGIやKPIの数値を早く集める仕組みをつくる必要があります。業務フローを見直したり、システム同士を連携させてデータを自動取得できるようにするといった仕組みです。仕組みをつくることで、経営者はもちろん、各部門の各メンバーが、事業の進捗や結果に関する最新の情報を常に把握し、それに基づいて意思決定して行動しやすくなり、組織をあげてPDCAサイクルを速くまわすことができます。

　その時、組織の全員がお互いに「詰めるが責めない」ことが大切です。KGIやKPIが目標に対して未達成になった場合、未達成になった「事実」を「詰める」ことはすべきですが、未達成になった「人」を「責める」ことはすべきではないということです。未達成になった原因をしっかり詰めて、「どうすれば改善できるのか」を建設的に全員で考え、次の改善策につなげていくべきです。責められた人は、萎縮してしまったり及

び腰になってしまったりしかねないので注意しましょう。

　KPI 式 PDCA では、施策の結果が出てからではなく、結果が出る前段階の進捗途中で、施策が機能しているかを確認することで素早く軌道修正することができます。組織が一丸となって PDCA サイクルを速くまわし、継続的に改善し続けることで KGI の達成へと近づきます。それを繰り返すことで、継続的に KGI を達成し続ける仕組みを醸成していきましょう。

さいごに

経営を科学し、意思決定と行動を正しく導く

　私たちの会社は、KPI式PDCAを実践するためのツールとして、クラウド型のKPIマネジメントシステム「Scale Cloud（スケールクラウド）」の開発・提供をしています。「Scale」には、もともと「物差し」という意味と「Scale Up（拡大する）」という意味がありますが、Scale Cloudには、「事業拡大していくために、数値で定量化した共通の物差しを持つことで、経営を科学し、共通認識とコミュニケーションを円滑にするクラウド上のインフラ」という意味を込めています。

　経営における数値の重要性は誰もが認識していることでしょう。

　経営状況を、数値で多角的に見ることで、より的確に状況を把握でき、より適切な「意思決定」をしやすくなるはずです。数値だけで意思決定することをお薦めしているわけではありませんが、数値も活用することで、よりよい意思決定につながるはずです。しかし、いくら適切な意思決定をしても、実際に「行動」をしなければ事業の状況は変わらない。経営は、こういった意思決定と行動の繰り返しです。KPI式PDCAが、この意思決定と行動をより正しく導くことに貢献できるはずです。

中央集権型から自立自走型へ

　「事件は会議室で起きてるんじゃない！現場で起きてるんだ！」

　映画『踊る大捜査線 THE MOVIE』（1998年）の名セリフです。企業

経営においても、経営者（または上長）は社員（または部下）から情報を集めて意思決定をし、社員（または部下）はそれを受けて行動するという中央集権的な運営になっていることが多いです。納得しづらい指示を与えられた社員（または部下）は、不満を抱えながらその行動にあたることになりがちです。

組織の目標達成に向けて、必要な情報をオープンにし、経営者も社員も、上長も部下も、KPIを使って全員が同じようにビジネス全体の状況を把握できるようにする。そして、空気を吸うくらい自然に、誰もが数値を使って意思決定して行動し、数値を組織のコミュニケーションの言語として活用することで、全員でしっかり共通認識を持ち、共通の目標達成に向かって一致団結して進んでいく自立自走型の組織をつくる。そうなれば、社員（または部下）がいまよりもっと働きやすくなり、一人ひとりがスピーディーに状況を把握して主体的に意思決定し行動することで活躍の機会も増え、事業の拡大も加速するはずです。

世界中が一つのファンクションに

組織には、営業やマーケティングや経営管理といった「部門」というファンクション（機能）があり、それぞれの部門内にもそれぞれの役割を担った個人というファンクション（機能）があります。そもそも組織の中に「境界」なんて存在しないのに、人間が認識しやすいように、部門や役割という線引きをした結果、ファンクション同士の間に「境界」ができているのではないでしょうか。そうすると、経営に必要な情報がバラバラになり、セクショナリズムも発生し、個人が事業や組織に及ぼ

している影響もわかりづらく役立っている実感も薄くなりかねません。現実には、それぞれのファンクションは、他のファンクションと影響しあいながら存在しています。お互いに連携することで、より成果を実感できるようになれば、他のファンクションに対してポジティブになれるはずです。そうすれば、理解しにくくコントロール不能な他のファンクションといっしょに仕事をすることが、我慢しながらするものではなく、心地よく、楽しいものになる。セクショナリズムをはじめとした、ファンクション同士の間に存在する「境界」をなくして、ファンクションという壁を解き放ち、「組織全体が１つのファンクション」になっていく。そうすることで、仕事を、組織を、世界を、もっと豊かに味わうことができる。KPI が、そういったつながりの可能性を拓く「鍵」になるはずです。

「早く行きたければ、一人で進め。遠くに行きたければ、みんなで進め。」

という言葉があります。理想的には、「みんなで遠くに早く進む」ですよね。

たとえば、一人ひとりの生産性が「1」だとして、複数人が力を合わせることで「1＋1＝2」という具合に「2」の付加価値を生み出せるという状態から、一人ひとりが数値という武器を身に着けてビジネス力を高めることで、一人ひとりの生産性が「2」となって「2＋2＝4」という具合に「4」の付加価値を生み出せる状態になる。さらに、個人と個人、チームとチームといったファンクション同士が、KPI を活用することで、つながりをより強め、コミュニケーションをより円滑にし、コラボレーショ

ンを促進させることで、「2＋2＝10」という具合に「10」の付加価値を
生み出せる状態になる。そうすれば、「みんなで遠くに早く進む」こと
ができ、より素晴らしいことや、より多くのことをいっしょに成し遂げ
ることができるはず。

　数値という武器を手にすることで、一人ひとりのビジネス力が高まり
個人としての自立や自己実現につながり、さらに、個人の壁を越えた、
組織としての組織力も高まる。そして、企業内の組織や個人だけでなく、
企業同士の境界がなくなり日本全体、さらには世界全体が1つのファンク
ションになる。そのような連鎖の末、将来、もし100万人がいっしょ
に働けるようになったら何が起こるでしょうか？　多くの人々が、多く
のエネルギーを、同じ方向に向けることができたら何を成し遂げられる
でしょうか？　そう思うとワクワクしませんか？

　日本中が、そして、世界中が、ビジネスを通してよりよい世界になっ
ていく。そのような世界の実現に向けて、KPIをはじめとするビジネス
の「数値」が、1つの「鍵」になると信じています。

読者特典のご案内

本書の読者のみなさまに「今日から使える KPI ツリー事例集」の PDF ファイルをプレゼントします。本書で掲載した事例だけでなく、未公開の事例も掲載しています。ご興味のある方は、以下の Scale Cloud 社のサイトからダウンロードして入手してください。

https://scalecloud.jp/download/campaign/

＊ 読者特典データに関する権利は著者が所有しています。許可なく配布したり、Web サイトに転載することはできません。

＊ 読者特典データのプレゼントは予告なく終了することがございます。あらかじめご了承ください。

著者紹介

ひろ せ　　よしのぶ
広瀬　好伸

株式会社 Scale Cloud 代表取締役
公認会計士・税理士

1979 年、兵庫県生まれ。
京都大学卒業後、あずさ監査法人に入社し、公認会計士として従事。2007 年
に起業し、CFO/IPO/会計/税務/M&A/企業再生などのコンサルタントと
して 800 社以上の経営を支援する。4 社の IPO に携わり、そのうち 2 社の社
外役員を務める。KPI マネジメントのスペシャリストとして、KPI を活用し
た科学的な PDCA を組織的にまわすことで事業を成長させる、日本初の KPI
マネジメントプラットフォーム SaaS「Scale Cloud」を開発・提供している。
著書に『1 店舗から多店舗展開　飲食店経営成功バイブル』(2015 年、合同フォ
レスト) がある。

KPI式PDCA ── 数値化で事業成長する仕組み

2023 年 1 月 6 日　初版第 1 刷発行
2024 年 5 月 15 日　初版第 4 刷発行

著　者　広瀬好伸

発行者　越道京子

発行所　株式会社 実 生 社　〒 603-8406 京都市北区大宮東小野堀町 25 番地 1
み しょうしゃ
　　　　　　　　　　　　　　　　TEL (075) 285-3756

印　刷　モリモト印刷

カバーデザイン　スタジオ　トラミーケ

ⓒ 2023　Yoshinobu Hirose, Printed in Japan
ISBN 978-4-910686-05-9

実生社の本

卸売市場に希望はあるか
青果物流通の未来を考える

著：小暮宣文（農業ジャーナリスト）

本体2600円（税別）四六判 200頁 並製／978-4-910686-04-2

わが国の食と農は、どうあるべきか──かつてない困難に見舞われる青果物の流通業。

2020年に新卸売市場法が施行され、国は卸売市場の運営責任から手を離す荒療治に出た。中央卸売市場や地方卸売市場で営業する卸売業者らは厳しい財務状況下にあり、縁の下の力持ちとして国民の食生活を土台から支えてきた卸売市場の存続が危ぶまれている。

日本農業新聞の記者として青果物卸売市場や関係者を取材して歩いた著者が装飾せず現場を描き、卸売市場の役割を問い直し未来への方策を提言する。